MANUAL DO TRABALHO ACADÊMICO-CIENTÍFICO

GENIVAL E. DE SOUZA

MANUAL DO TRABALHO ACADÊMICO-CIENTÍFICO

PLANEJAR • ELABORAR • APRESENTAR

UM GUIA SOBRE
COMO SE PREPARAR
PARA APRESENTAÇÕES
ACADÊMICAS

ALTA BOOKS
E D I T O R A
Rio de Janeiro, 2017

Manual do Trabalho Acadêmico-Científico — Um guia sobre como se preparar para apresentações acadêmicas

Obra disponível para venda corporativa e/ou personalizada. Para mais informações, fale com projetos@altabooks.com.br

Produção Editorial Editora Alta Books	**Gerência Editorial** Anderson Vieira	**Marketing Editorial** Silas Amaro marketing@altabooks.com.br	**Gerência de Captação e Contratação de Obras** autoria@altabooks.com.br	**Vendas Atacado e Varejo** Daniele Fonseca Viviane Paiva comercial@altabooks.com.br
Produtor Editorial Claudia Braga Thiê Alves	**Supervisão de Qualidade Editorial** Sergio de Souza			
Produtor Editorial (Design) Aurélio Corrêa	**Assistente Editorial** Christian Danniel			**Ouvidoria** ouvidoria@altabooks.com.br
Equipe Editorial	Bianca Teodoro	Illysabelle Trajano	Juliana de Oliveira	Renan Castro
Revisão Gramatical Franciane de Freitas	**Layout e Diagramação** Luisa Maria Gomes	**Capa** Aurélio Corrêa		

Erratas e arquivos de apoio: No site da editora relatamos, com a devida correção, qualquer erro encontrado em nossos livros, bem como disponibilizamos arquivos de apoio se aplicáveis à obra em questão.

Acesse o site www.altabooks.com.br e procure pelo título do livro desejado para ter acesso às erratas, aos arquivos de apoio e/ou a outros conteúdos aplicáveis à obra.

Suporte Técnico: A obra é comercializada na forma em que está, sem direito a suporte técnico ou orientação pessoal/exclusiva ao leitor.

Dados Internacionais de Catalogação na Publicação (CIP)
Odilio Hilario Moreira Junior CRB-8/9949

S729m   Souza, Genival Evangelista de

Manual do trabalho acadêmico-científico / Genival Evangelista de Souza. - Rio de Janeiro : Alta Books, 2017.
288 p. : il.; 17cm x 24cm.

Inclui bibliografia.
ISBN: 978-85-508-0075-2

1. Metodologia científica. 2. Técnicas de pesquisa. 3. Conhecimento científico. I. Título.

CDD 001.4
CDU 001.8

Rua Viúva Cláudio, 291 — Bairro Industrial do Jacaré
CEP: 20970-031 — Rio de Janeiro - RJ
Tels.: (21) 3278-8069 / 3278-8419
www.altabooks.com.br — altabooks@altabooks.com.br
www.facebook.com/altabooks

"Todo trabalho acadêmico representado por texto técnico-científico normativo é pura razão, sua representação para o público é pura emoção."

Genival E. de Souza

Dedicatória

Sem o apoio da minha família, tudo seria mais difícil.
Faço um agradecimento especial à minha esposa, Marisa,
por suas contribuições humanas;
e aos meus filhos Vinicius e Marina,
por suas revoluções pessoais.

Agradecimentos Acadêmicos

Ao meu professor Mauro Neves Garcia (*in memoriam*), que fez grande diferença na minha vida acadêmica.

Aos meus alunos e ex-alunos, pois esta obra nasceu a partir de suas dificuldades.

Aos professores que foram convidados para avaliar esta obra com suas valoradas experiências. Seus talentos pessoais e profissionais enriqueceram muito este trabalho didático. Vocês foram muito inspiradores. Abraços enérgicos e acadêmicos para todos.

Agradecimentos aos meus amigos Adilson, Victor e Reinaldo pela amizade enriquecedora e eterna.

Ao escrever o capítulo sobre criatividade, lembrei da infância prazerosa que passei com meus irmãos Antonio, Daniel, Dalva e Valdir. Não tínhamos nenhum tipo de brinquedo eletrônico, mas não faltava criatividade e inovação nas brincadeiras que foram importantes para minha formação e crescimento pessoal.

Aos meus pais Gregorio (*in memoriam*) e Anita pelos ensinamentos básicos.

Ter morado na periferia de São Paulo, sendo a infância no bairro da Casa Verde (Zona Norte) e a juventude na Cohab I de Itaquera (Zona Leste), só me tornou mais forte e sem medo de enfrentar obstáculos na vida. Você que continua sendo aluno de qualquer tipo de graduação, não pare de sonhar e lutar por seus ideais.

Em 2009, minha sogra Margarida teve um AVC (acidente vascular cerebral) que afetou a sua fala e linguagem. Mesmo com terapia fonoaudiológica intensiva, o progresso alcançado foi muito pouco. Então a família teve que se adaptar e utilizar a comunicação gestual e a sensibilidade para compreensão de suas necessidades e desejos pessoais. O aprendizado e a convivência foram rápidos graças a sinergia criada por ela antes de ter acontecido o AVC. Obrigado por seu carinho e alegria contagiante.

Outros agradecimentos acadêmicos para todas aquelas pessoas que, de alguma forma, contribuíram para que este trabalho alcançasse o seu objetivo, fosse com palavras motivadoras, exemplos, críticas, elogios, concordâncias, discordâncias, sugestões, ou opiniões, em debates calorosos que sempre me levaram à reflexão profunda e, consequentemente, ao crescimento.

Sumário

Prefácio

Há pessoas que fazem a diferença, ainda que a extroversão, o riso desmedido ou a individualidade exacerbada não sejam marcas no convívio social. Essa é uma das qualidades perceptível em Genival Evangelista de Souza, pelo trato cordato e sempre disposto a novas oportunidades no âmbito profissional e acadêmico. Faz a diferença na condução da coordenação de curso de graduação e no apoio incondicional às iniciativas voltadas à graduação. Há sempre espaço para mais, quando se tem um líder com habilidades de comunicação e interação social no ambiente profissional.

É desse perfil que temos o livro *Manual do Trabalho Acadêmico-Científico*, um guia para estudantes de graduação interessados em buscar orientações sobre como planejar, elaborar e apresentar um trabalho acadêmico.

Os capítulos sugerem indicações didáticas instruindo e oferecendo sugestões diversas para que o estudante esteja seguro sobre os passos que deverá seguir até que sua apresentação oral culmine com o sucesso da exposição e divulgação de suas ideias.

Trata-se de um livro sobre Comunicação, uma das áreas de maior relevância hoje, frente à globalização extensiva e interações por meios virtuais. Ingressar em um curso superior significa mais do que ser um estudante, será preciso ser um estudante engajado nas práticas acadêmicas. Atualmente, as exigências nos cursos de graduação vão desde a produção de revisões temáticas, com produção monográfica, até o TCC, pesquisa de final de curso. Os seminários figuram como prática necessária e componente de diversas disciplinas, seja no modelo mais tradicional ou como apresentação oral, em que vieses são admitidos.

Para ser estudante de graduação, o aluno ou aluna viverá diversas experiências comunicacionais voltadas tanto para o ambiente acadêmico quanto para o ambiente profissional, em que será avaliado(a) também pelo domínio da fala e da escrita, além do conhecimento acadêmico.

É nesse cenário de aprendizagem e comunicação que apresento a obra a seguir, com o desejo de que possa auxiliar a todos os profissionais e estudantes em suas jornadas comunicacionais.

Sucesso!

Drª. Elizabeth Del Nero Sobrinha

Professora e Líder da Pesquisa e Iniciação Científica da
Escola de Negócios e Hospitalidade da FMU/FIAM-FAAM

Professora da Faculdade Casper Líbero

Introdução

Este guia tem como objetivo compartilhar com alunos de cursos universitários e de ensino médio as principais dificuldades encontradas no momento de desenvolver e realizar a apresentação de um trabalho acadêmico. Minha motivação de escrever sobre o tema surgiu a partir de minha vivência em anos de experiência como professor universitário auxiliando alunos a desenvolver e realizar suas produções acadêmicas por meio de orientações.

O leitor encontrará técnicas, entre elas: como planejar e preparar-se psicologicamente para falar em público com segurança, responder a perguntas da plateia, desenvolver e explorar a sua criatividade, fazer atividades em grupo, e como escolher e utilizar o recurso mais adequado para a comunicação da mensagem de seu trabalho acadêmico.

Os trabalhos acadêmicos abordados são para cursos universitários realizados no Brasil, tanto para níveis de graduação (bacharelado, tecnologia ou licenciatura) quanto de pós-graduação, que são divididos em dois tipos: *lato sensu*, de aperfeiçoamento, especialização e MBA (do inglês *Master in Business Administration*, ou mestre em administração de empresas) e o *stricto sensu*, em mestrado, doutorado e pós-doutorado. As mesmas técnicas podem ser utilizadas e aplicadas para alunos de cursos de ensino médio.

Além da aplicação dos fundamentos da metodologia científica na produção acadêmica escrita há também uma grande necessidade quando se discute a melhor forma de apresentação oral.

A arte de falar em público não é privilégio apenas dos grandes oradores. Nos mais diversos segmentos sociais, professores, profissionais liberais, líderes, técnicos, políticos, advogados, executivos, vendedores e pregadores religiosos precisam se valer de apresentações para informar, persuadir e entreter. Realizar apresentações pode ser mais fácil do que se imagina. Mas, para obter sucesso, o orador precisa se preparar constantemente.

Este guia se diferencia de outras obras não porque tem a pretensão de ser melhor nem tão pouco esgotar o assunto, mas porque expõe de forma diferenciada seus capítulos ao leitor. Ao final de cada capítulo é apresentado um "Sarau Acadêmico", com sugestões de leitura de livros, sites, curiosidades, dicas, músicas e filmes relacionados ao tema como forma de ampliar a reflexão e o debate sobre o aprendizado, um verdadeiro "balaio literário e cultural". Foi também uma forma de homenagear a Música Popular Brasileira (MPB), com seus diversos gêneros musicais.

O leitor deve se desfazer de qualquer tipo de preconceito, preocupando-se apenas em ouvir boa música nas letras e estrofes apresentadas, sejam elas provindas do rock, sertanejo, samba, axé, pop, reggae, rap, forró, música erudita, romântica e tantos outros gêneros que encontrará nos próximos capítulos.

A ideia de relacionar músicas e filmes com os capítulos apresentados surgiu a partir da minha experiência como aluno dos cursos universitários e de ensino médio, já que a maior parte das produções acadêmicas era realizada em grupo. O convívio com outros colegas de classe me permitiu saber lidar com diferenças culturais, de orientação sexual, religião, crenças, raça, hábitos e valores pessoais. Enfim, isso nem sempre foi fácil, mas desafiador e só acrescentou para o meu universo. Entre essas diferenças também estavam a do gosto musical. E para a boa música não há fronteiras, aliás, já fica a primeira dica legal: saiba lidar com as diferenças, procure ser mais tolerante.

Tive a preocupação de associar o conteúdo de todos os capítulos com filmes e músicas para auxiliar no processo de aprendizagem e buscando estimular estudantes e professores. A ideia foi apresentar a relação entre arte e ensino-aprendizagem, que permite valorizar suas experiências vividas.

A arte sempre foi uma forma de aliviar nosso cansaço e estresse do dia a dia. Às vezes você está desanimado e basta ouvir uma música ou lembrar de um refrão de uma letra que leva à reflexão, e pronto, tudo pode mudar. A arte tem esse poder de transformação.

Assisti e ouvi, respectivamente, todos os filmes e músicas apresentados neste guia, realizei debates e aceitei sugestões. Foi bem divertido ter este tipo de "obrigação". Fique à vontade para utilizar outros filmes ou músicas que tenham propostas relacionadas às minhas. (Nota: A Editora Alta Books não se responsabiliza pela manutenção e permanência no ar dos sites indicados pelo autor nesta obra)

Dominar todas as técnicas apresentadas neste livro vai lhe garantir melhores resultados em suas apresentações acadêmicas. É mais uma forma de investir em você e em seu futuro com este aprendizado constante.

Espero que você tenha muito sucesso em suas apresentações acadêmicas e que seus objetivos sejam alcançados.

Saudações acadêmicas
Prof. Genival E. de Souza

Capítulo 1

TIPOS DE TRABALHOS ACADÊMICOS

"Que trabalho é esse
Que mandaram me chamar
Se for pra carregar pedra
Não adianta, eu não vou lá."

Que Trabalho é Esse? - Paulinho da Viola

Objetivos de Aprendizagem

- ► Explicar o desenvolvimento de trabalhos acadêmicos por estudantes de cursos universitários e ensino médio.
- ► Ilustrar os principais tipos de trabalhos acadêmicos.
- ► Esclarecer o que é a apresentação escrita e oral.
- ► Mostrar as nomenclaturas mais comuns de encontros acadêmicos demonstrando suas especificações de norma genérica.
- ► Explanar sobre a preparação para defesa do trabalho acadêmico perante uma "banca".
- ► Descrever qual a importância de questões éticas e os cuidados com plágio ao desenvolver trabalhos acadêmicos.

Iniciando os Estudos na Universidade

Para muitos estudantes, fazer um curso universitário pode significar várias coisas como uma promoção na carreira profissional, exigência do mercado de trabalho, melhor qualificação e reconhecimento, realização pessoal, a decisão de uma profissão, mudanças na qualidade de vida da família, enfim, são vários os motivos. Há casos de pessoas com muita experiência profissional, mas que perderam várias oportunidades por não ter formação universitária.

Após passar pelo ensino médio, ao iniciar um curso do ensino superior, o estudante reconhece que seus estudos continuam, as exigências no desenvolvimento e na apresentação de trabalhos acadêmicos se intensificam, exigindo qualidade e total comprometimento.

Grande parte dos resultados obtidos no curso universitário depende única e exclusivamente do estudante, que deve assumir uma postura responsável, ser independente e ter consciência que todas as suas decisões são pessoais. Além disso, faz-se necessário manter uma postura autônoma, procurando influência de boas companhias, sempre apresentando entusiasmo e motivação.

A forma como o estudante se relaciona com os estudos, seus colegas de turma e professores, a adaptação no aprendizado com as disciplinas, a administração do tempo, a dedicação aos estudos e o equilíbrio emocional fazem a diferença.

A outra parte desse esforço deve acontecer por conta de exigências específicas do curso e da instituição de ensino. Para uma melhor assimilação de conteúdos apresentados em sala de aula, o estudante pode utilizar uma série de instrumentos, como pesquisas e leituras, realizar atividades práticas, de campo ou laboratório, além de discussões em grupo que resultam em um melhor aprendizado.

É interessante que o estudante forme sua biblioteca, seu acervo pessoal, que pode ser composto de dicionários, revistas especializadas, artigos, textos sobre o seu curso e temáticas de interesse, pesquisas bibliográficas, links de internet relevantes, livros básicos e complementares, e-books nacionais e internacionais, para o desenvolvimento de seus estudos e de sua qualificação.

Dica legal: também é possível formar seu acervo pessoal comprando livros usados e seminovos em "sebos", em lojas físicas ou até pela internet. Você pode encontrar bons descontos sobre o preço de capa do livro novo, muitos em bom estado de conservação, alguns apresentando pequenas avarias. Separe um bom tempo para realizar suas pesquisas em sebos, onde é possível encontrar verdadeiras raridades.

Desenvolvimento de Trabalhos Acadêmicos

É por meio da realização de pesquisa, elaboração, desenvolvimento e apresentação de trabalhos acadêmicos e/ou científicos que estudantes ampliam seus conhecimentos elevando sua reflexão e aprendizado ao processo didático-pedagógico durante as atividades escolares.

São vários os tipos de trabalhos acadêmicos que podem ser desenvolvidos em universidades, faculdades, escolas técnicas e de ensino médio, as quais vou tratar como instituições de ensino ao longo da leitura deste guia. Podemos atribuir a esses trabalhos também o nome de atividades científicas, produções acadêmicas e/ou científicas. A apresentação desses trabalhos acadêmicos pode ser obrigatória ou opcional e suas exigências e necessidades acontecem por vários motivos, sendo os mais comuns:

a. Exigência obrigatória para compor nota de disciplina ou conclusão de final de curso.

b. Aumento da quantidade de produção científica realizada pela instituição de ensino, professor e aluno.

c. Fomento, estímulo e motivação de estudantes e pesquisadores a contribuir com a pesquisa científica.

d. Estratégia didático-pedagógica para melhorar o aprendizado do estudante.

Segundo a ABNT (Associação Brasileira de Normas Técnicas) em sua Norma NBR 14.724:2011, trabalho acadêmico é um documento que representa o resultado de estudo, devendo expressar conhecimento do assunto escolhido, que deve ser obrigatoriamente emanado da disciplina, módulo, estudo independente, curso, programa e outros ministrados. Deve ser feito sob a coordenação de um orientador.

Trabalhos acadêmicos são elaborados conforme as exigências das instituições de ensino, incluindo dissertações de mestrado, teses de doutorado, TCC (trabalho de conclusão de curso), seminários, apresentação de artigos científicos, *papers*, documentos científicos impressos e eletrônicos, projeto integrado, participação de congressos, encontros e conferências, pôster técnico, resenhas e tantos outros com terminologias diferentes. Trabalhos acadêmicos se diferenciam em seus objetivos, tipo de tema abordado, normas, metodologias e orientações para sua apresentação escrita e oral.

Os modelos de trabalhos acadêmicos demonstrados neste capítulo são para cursos universitários realizados no Brasil, tanto para níveis de graduação (bacharelado, tecnologia ou licenciatura), pós-graduação, divididos em dois tipos: *latu sensu*, de aperfeiçoamento, especialização e MBA (do inglês *Master in Business Administration,* ou mestre em administração de empresas) e o *stricto sensu*, em mestrado, doutorado e pós-doutorado. Muitos dos modelos apresentados também são realizados por cursos de ensino médio.

Estudantes de cursos universitários devem se acostumar a realizar e praticar apresentações acadêmicas de forma escrita e oral desde o início de seu curso. A falta ou pouca prática na realização de apresentações acadêmicas acaba causando medo e insegurança, criando grande ansiedade entre os alunos. Mas calma, meu caro leitor, tenho certeza que ao avançar na leitura dos próximos capítulos, com prática constante, boa vontade e persistência você se tornará um excelente comunicador de suas apresentações acadêmicas, por isso a importância do treinamento desde os estudos no ensino médio.

Lembre-se

"Se for pra carregar pedra, não adianta, eu não vou lá..." Mas sem esforço não há bom resultado, portanto não há boa nota.

Inicialmente, vamos conhecer as principais modalidades de trabalhos acadêmicos antes de você escolher quais recursos serão mais adequados e utilizados para o desenvolvimento e para a realização de suas apresentações.

Se você é um estudante de curso universitário em nível de graduação ou curso de ensino médio ou técnico, procure se aprofundar pesquisando mais, conforme sugestões de bibliografias ao final do capítulo; se é estudante em nível de pós-graduação, então já está familiarizado com os nomes e as terminologias, e se não se recorda, é o momento de relembrar. Há estudantes que realizam e participam de vários tipos de apresentações acadêmicas. O desenvolvimento e as técnicas mais adequadas vão depender de suas necessidades.

Apresentação Escrita e Oral

As apresentações de trabalhos acadêmicos podem ser realizadas de forma escrita ou oral. Muitas instituições têm normas e regimentos próprios para apresentação de seus trabalhos acadêmicos, outras utilizam as normas da ABNT com algumas adaptações. Se sua apresentação acadêmica for realizada fora da instituição em que você estuda, consulte sempre as normas do evento e os recursos disponíveis para a apresentação ser realizada.

A forma escrita é a apresentação do trabalho acadêmico em texto impresso ou eletrônico com exigência na normalização e padrão metodológico determinados pela instituição. A redação de texto tem como princípios gerais a utilização de linguagem técnica e científica, culta, descrita com clareza, coesão, coerência, com preocupação gramatical e estética de elementos de margens, tamanho de fonte, parágrafos, títulos e subtítulos, citações etc.

Apresentação oral é a exposição realizada oralmente sobre a temática do trabalho acadêmico, podendo acontecer de forma pública ou restrita. A apresentação pública pode ser realizada em um local com a presença de público previamente convidado ou com confirmação de participação no momento da exposição. A apresentação restrita geralmente é realizada somente para um público ou grupo previamente convidado.

Fazer uma apresentação oral significa ter domínio sobre o assunto do tema, dissertando sobre o conteúdo pesquisado e defendendo as principais ideias para a plateia presente.

Se para realizar sua apresentação houver a necessidade de utilização de algum recurso específico ou equipamento eletrônico, procure providenciar e solicitar junto à coordenação do evento com bastante antecedência. É importante saber o que será disponibilizado para realização da apresentação, evitando possíveis surpresas indesejadas.

Tipos de Encontros e Porte do Evento

Alguns eventos podem ter nomenclaturas diferentes, como congressos, feiras, exposições, salões, mostras e encontros. Todos os eventos podem apresentar formas diferentes de expor publicamente os trabalhos acadêmicos – tendo como objetivo a divulgação de temas e a participação de pessoas com interesses específicos – e podem ser públicos ou reservados com características específicas conforme as necessidades de seus organizadores.

Sua duração, forma de organização e protocolos, tempo de exposição, recursos materiais, divulgação, espaço físico e participantes dependem exclusivamente dos organizadores do evento.

O porte do evento pode variar conforme a quantidade de participantes, que pode ser considerada de pequeno porte – com a participação de até 500 pessoas –, médio porte – de 500 até 1.000 pessoas –, sendo que acima deste número, o evento já é considerado de grande porte.

Características de Territorialidade

O evento pode ter características e particularidades quanto à realização de sua territorialidade e pode ser considerado:

a. **Mundial**: quando reúne participantes de várias partes do mundo, podendo ter necessidade de intérpretes. Nesse tipo de encontro, geralmente a língua mais utilizada é o inglês para melhor comunicação entre seus participantes, mas isso não é uma regra.

b. **Internacional**: quando reúne participantes de mais de um país.

c. **Nacional**: quando reúne participantes de um mesmo país.

d. **Estadual**: quando o encontro é realizado na capital do estado.

e. **Municipal ou regional**: quando é realizado na capital do estado que pertence à região ou na própria cidade em que o estudante mora.

Eventos Fora da sua Cidade

Se você participar de algum evento fora de sua cidade, apresento algumas sugestões importantes:

a. Consulte a estrutura da rede hoteleira, internet, segurança local, telefonia, alimentação e principais transportes disponíveis para chegada ao evento, como translado, táxi, ônibus, trem, barco, avião etc. Tenha em mãos algum tipo de guia com informações principais.

b. Pesquise informações e aspectos básicos culturais da região, respeitando hábitos locais. Evite estereótipos ou imagens formadas de determinado lugar ou relacionados à cultura de um povo. Alguns países herdam uma imagem infeliz, difícil de ser desfeita, mas nem por isso se deve generalizar, pois sempre há pessoas generosas e hospitaleiras.

c. Guarde as suas opiniões pessoais para você. Expressar uma opinião de forma equivocada pode causar certos constrangimentos.

d. Procure não carregar em suas apresentações exemplos e vocábulos regionais. Utilize uma linguagem mais técnica para sua comunicação.

e. Informe-se sobre instabilidade ou conflitos sociais que podem acontecer no período de sua apresentação, impedindo a sua realização, como greves, manifestações ou outros que podem comprometer e oferecer algum tipo de risco à sua segurança pessoal.

f. Em casos de eventos internacionais, providenciar, com bastante antecedência, inscrição, reservas, solicitação de visto, passaporte e verificar se há embaixada no país em que será realizada sua apresentação.

Quando se realiza uma apresentação científica em outra cidade, estado ou país, além da troca de experiência e conhecimento acadêmico, ela lhe proporciona aproveitar as atrações turísticas da cidade, conhecer a cultura local, a culinária, o artesanato, museus, festivais, locais de compra, pessoas etc. Infelizmente algumas cidades não procuram desenvolver a qualidade de sua infraestrutura em serviços, segurança e atrações de forma adequada para receber mais turistas. Mas isso não significa que não possam ter oportunidades diversas. Já outras organizações de congressos procuram organizar o evento pensando nisso, fazendo parcerias com os governos municipais, estaduais e federais, além de envolver empresas para obter melhores resultados na organização do evento de forma geral.

Papel do Coordenador de Eventos

Há situações em que o aluno pode assumir o papel de coordenador de eventos por conta de sua participação em grupos acadêmicos de alunos, gerenciados pela instituição sob supervisão de um professor. Se você tiver essa oportunidade em sua vida acadêmica, se prepare adequadamente para não fazer feio. O papel do coordenador ou intermediador em apresentações acadêmicas será de:

a. Abrir as sessões.

b. Realizar agradecimentos.

c. Fazer apresentações dos expositores.

d. Orientar a participação do auditório, conduzindo o processo de perguntas e respostas.

e. Fazer um resumo dos trabalhos apresentados.

f. Apresentar e dar a palavra para cada expositor.

g. Impedir excessos, evitando debates acalorados ou dispersão do tema.

h. Conduzir os apresentadores a expor com clareza e objetividade seus pontos de vista.

i. Controlar o tempo dos apresentadores.

j. Permitir a apresentação de questionamentos da plateia.

k. Intervir e mediar com cautela se as discussões assumirem papel de agressividade.

l. Zelar por todo o suporte da organização do evento.

m. Fazer agradecimentos e fechar a sessão.

Nomenclaturas Mais Comuns

Fórum

São apresentações de exposições realizadas com a participação de um coordenador, ou seja, é uma discussão com participação de plateia com questionamentos. Um fórum pode ser realizado por horas ou dias, depende dos objetivos da organização. Ao final dos debates são realizadas conclusões das opiniões dos participantes. O fórum é realizado de forma oral.

Semana

É um encontro igual ao congresso onde as pessoas podem discutir temas de interesse comum. Pode ser organizado para durar vários dias e sua participação é realizada de forma oral.

Debate

É a discussão entre duas ou mais pessoas que defendem pontos de vista diferentes ou iguais sobre determinado tema. Geralmente tem um coordenador para intermediar as discussões. A participação da plateia é mais reduzida e pode ser combinada pelo coordenador antes de seu início.

Jornada

Organizada por entidades de classe, são encontros de grupos profissionais com interesses em promover discussões sobre determinados assuntos, de âmbito regional. Pode durar por vários dias. As conclusões das discussões podem servir como uma espécie de direção a ser seguida pela classe. Exemplos: Jornada Acadêmica de Diabetes, Jornada Acadêmica Literária etc.

Palestra

Palestras são exposições de um determinado assunto com a participação de plateia com interesse no tema. Geralmente o público que participa já tem algum conhecimento sobre o tema, podendo realizar questionamentos durante ou no final da apresentação.

Workshop

São encontros com interesse em determinado tema, sempre realizados de forma expositiva. Pode fazer parte de um grande evento, dividido em pequenas partes.

Oficina

Idêntica ao workshop, a oficina é um nome mais utilizado na área educacional, um encontro com a finalidade de ampliar a discussão sobre determinado tema, sempre com foco em demonstrar possíveis dificuldades e soluções. O nome workshop é mais utilizado na área comercial, no entanto é muito comum a utilização da nomenclatura no ambiente acadêmico.

Painel

O painel pode ser considerado como uma reunião de vários expositores especialistas que podem expor suas ideias sobre determinado tema e tempo estabelecido pelo mediador. É realizado de maneira informal, e a participação da plateia ouvinte é realizada por meio de perguntas e respostas diretamente com os expositores do painel. A participação da plateia é importante, e exige também a presença de um mediador para intermediar e conduzir as discussões.

Conferência

Exposição de assunto amplamente conhecido. Sempre realizada por pessoa com *expertise* no assunto, muito reconhecida e respeitada no conteúdo do tema que apresenta. A participação da plateia depende da organização do evento. Sempre há um coordenador para organizar as discussões em pauta.

Convenção

Exposição de assuntos por várias pessoas com a presença de um coordenador. Seu objetivo é promover um encontro para discussão de temas de interesses em comum, podendo reunir profissionais da área acadêmica e empresarial. Exemplo: Convenção Acadêmica de Cursos de Administração.

Congressos

É um evento de grande porte, geralmente realizado por vários dias, com inclusão de outros encontros. Os congressos podem ser regionais, nacionais e internacionais e têm a finalidade de estudar e discutir temas com interesses diversos com a participação de especialistas e autoridades. Exemplo: Congresso Médico, Congresso de Marketing, Congresso de Tecnologia da Informação, Congresso de Direitos Humanos etc. A participação pode ser realizada de forma oral ou escrita.

Tipos de Trabalhos Acadêmicos

Relatórios técnicos e/ou científicos

Também conhecidos como relatórios técnicos de pesquisa, são documentos que relatam os resultados obtidos em investigação de pesquisa ou que descrevem a situação de uma questão técnica ou científica. Um relatório técnico-científico apresenta sistematicamente informações conforme exigência institucional, traça conclusões e faz recomendações. Podem ser utilizados também para apresentação de projetos que recebem financiamento ou bolsa de estudos. A norma NBR 10.719:2011 é a que especifica os princípios gerais para a elaboração e a apresentação de relatórios técnicos e/ou científicos podendo haver adaptações por parte da instituição. Há instituições em que a apresentação oral do relatório técnico é obrigatória.

Projeto de pesquisa

Projeto de pesquisa é o documento que descreve todos os procedimentos necessários para a realização de uma pesquisa. A norma da ABNT NBR 15.287:2011 é a que especifica os princípios gerais para a elaboração de projetos de pesquisa. Essa norma apresenta as informações necessárias, como termos e definições, estrutura da parte externa e interna, além de regras gerais para o desenvolvimento do projeto de pesquisa.

Segundo Andrade (2004, p. 98), o projeto de pesquisa é necessário para a obtenção de bolsas de estudo ou patrocínio de pesquisas; para ser apresentado ao orientador de uma monografia de final de curso; para o ingresso nos cursos de pós-graduação; para que o orientador seja informado a respeito da pesquisa que o candidato pretende desenvolver. As apresentações de projeto de pesquisa são realizadas de forma escrita e oral.

Monografia

A monografia é um trabalho científico obrigatório, exigido como forma de avaliação de uma disciplina ou final de cursos de graduação, aperfeiçoamento ou especialização. Na monografia, a proposta é pesquisar e escrever sobre um tema único e específico, bastante delimitado, não precisando ser inédito.

A monografia, no contexto da formação acadêmica, representa o ápice de uma pirâmide em cuja base estão o método e as práticas de estudos eficazes. Assim, concluímos que o planejamento, a execução e a redação da monografia nos programas de graduação, além da defesa dos resultados em exame de banca, configuram um ritual de passagem, pois implicam uma ruptura com o processo de mera reprodução do já sabido, do já aprendido, e promovem crescimento e maturidade intelectual na medida em que pressupõem estabelecimento de novas relações entre o que já se sabe ou já se conhece, além de estabelecer a relação de interdependência existente entre os universos teórico e prático (LIMA, 2004, p. 11).

O trabalho de monografia é elaborado com base em fontes bibliográficas que dispensam extensão em suas pesquisas científicas. É um trabalho técnico-científico apresentado de forma escrita e oral.

Artigo científico

São pequenos estudos diferenciados pelo conteúdo reduzido. É um texto, de autoria de um ou vários autores, que apresenta e discute técnicas, métodos, ideias, processos e resultados em diversas áreas do conhecimento. Os autores podem fazer uma revisão de outros trabalhos ou apresentar tema próprio. Deve ser submetido a revistas e periódicos científicos para aprovação de publicação. Há revistas científicas que fazem exigências em normatização do texto. As revistas e os periódicos estabelecem normas específicas para publicação dos artigos. É importante consultar as regras antes de sua submissão.

TCC (Trabalho de Conclusão de Curso) e TGI (Trabalho de Graduação Interdisciplinar)

Tanto o TCC quanto o TGI são trabalhos de conclusão para cursos de bacharelado, especialização ou aperfeiçoamento. Quando obrigatórios, têm como exigência sua entrega ao final do curso ou da disciplina. Pode ser um trabalho teórico, documental ou de campo. É prevista apresentação pública do trabalho, com constituição de banca examinadora para aprovação final. O texto deve ser apresentado em normativas e diretrizes estabelecidas pela instituição. Tem o seu desenvolvimento ao longo do curso, sendo supervisionado por um orientador.

Resenha

A resenha é um resumo, uma descrição de fatos e temas elaborados por alguém que tem conhecimento profundo sobre o assunto e que de forma crítica descreve sobre determinado texto.

A resenha é uma forma de apresentar ao leitor uma síntese de ideias, aponta objetivos, pontos positivos ou negativos, auxilia e facilita o leitor quando se deseja fazer a leitura de forma resumida de alguma obra científica. A obra que resulta em resenha pode ser um livro, artigo ou relatório científico. A resenha é apresentada de forma escrita, podendo em algumas situações ter a exigência de sua apresentação de forma oral.

Papers

Paper é um texto escrito para uma comunicação oral. Pode ser um conteúdo resumido ou integral da comunicação e tem como objetivo a publicação nas Atas ou Anais de eventos em que vai ser apresentado. É muito apreciado por professores em realizações de atividades pedagógicas.

Atas são registros escritos em que se relata o ocorrido numa sessão ou congresso. Anais são publicações periódicas de ciências, letras ou artes, organizadas ano a ano.

Comunicações científicas

A comunicação científica constitui uma modalidade de trabalho acadêmico que é apresentado oralmente em congressos, simpósios e outros tipos de eventos e encontros científicos. Os pesquisadores devem realizar apresentações orais em torno de 10 a 15 minutos sobre o tema. A apresentação deve ser objetiva enfatizando os tópicos da pesquisa, como objetivos, metodologia e resultados obtidos. Podem ser utilizados recursos audiovisuais para agilizar e tornar mais dinâmica a explicação. Poderá haver perguntas conforme decisão da organização do evento. O pesquisador pode distribuir um resumo da sua apresentação. Em alguns casos, dependendo da organização do evento, o pesquisador deve expor também um pôster científico.

Simpósio

Simpósios podem ser considerados como apresentações de trabalhos e discussões científicas sobre determinado tema. Simpósios reúnem especialistas para apresentarem e discutirem pontos de vista diferentes de um mesmo tema dentro de determinada área do conhecimento. O objetivo principal é fomentar a discussão com informações e opiniões variadas, levando seus participantes à reflexão mais ampla sobre o tema.

Seus participantes são pessoas interessadas no assunto e podem ser realizadas perguntas orais e escritas aos expositores, existem procedimentos formais e um intermediador para conduzir as sessões temáticas.

Mesa-redonda

O objetivo da mesa-redonda é apresentar pontos de vista diferentes de seus expositores com informações mais objetivas sobre determinado tema em que são especialistas. O fato de os expositores terem opiniões diferentes permite aos seus ouvintes formarem opinião própria. A participação dos ouvintes é permitida conforme a organização do evento por meio de perguntas por escrito ou de forma oral. Também tem um intermediador para conduzir a discussão.

Pôsteres técnicos e científicos

O pôster técnico e científico, muito conhecido e tratado pelo nome de *banner*, é um tipo de instrumento de comunicação visual impressa e exposta com informações do tema de trabalho.

O objetivo do pôster é apresentar as produções intelectuais por meio de um breve resumo de seu conteúdo, e a presença de seus autores permite aos participantes do evento esclarecer possíveis dúvidas, além de promover maior compreensão da pesquisa realizada. Mas há eventos em que a presença de seus autores não se faz necessária.

A norma da ABNT NBR 15.437:2006 estabelece princípios gerais para apresentação de pôsteres técnicos e científicos. Como toda norma está sujeita à revisão, recomenda-se àqueles que realizam acordos com base nesta que verifiquem a conveniência de usarem as edições mais recentes das normas citadas. A instituição ou organização do evento pode estabelecer normas e regras próprias ou fazer adaptações conforme sua conveniência para padrão de apresentação do pôster.

Para desenvolvimento e apresentação do pôster, pode-se demonstrar informações obrigatórias ou opcionais. Veja algumas a seguir:

a. Autor: pessoa física responsável pela criação do conteúdo intelectual ou artístico do tema. Os nomes de todos os autores (autoria pessoal ou entidade) devem aparecer logo abaixo do título (obrigatório).

b. Autor-entidade: instituição, organização, comitê, comissão, entre outros, responsável por publicações em que não se distingue autoria pessoal (obrigatório).

c. Título: palavra, expressão ou frase que designa o assunto ou o conteúdo de um tema. Deve constar na parte superior do *banner* (obrigatório).

d. Subtítulo: informações apresentadas em seguida ao título, visando esclarecê-lo ou complementá-lo de acordo com o conteúdo do tema. O subtítulo, se houver, deve ser diferenciado tipograficamente ou separado por dois pontos (:) (opcional).

e. Tabela: elemento demonstrativo de síntese que constitui unidade autônoma (opcional).

f. Orientador: em trabalhos acadêmicos, podem ser mencionados os nomes dos orientadores (opcional).

g. Informações complementares: nome da instituição, cidade, estado, país, endereço eletrônico, data ou demais informações relevantes (opcional).

h. Resumo: o resumo deve ser elaborado conforme ABNT NBR 6.028, com até 100 palavras, seguido das palavras-chave (opcional).

i. Conteúdo: o conteúdo deve apresentar as ideias centrais do trabalho, em forma de texto e/ou tabelas e/ou figuras e ilustrações (opcional).

j. Citações: deve-se evitar o uso de citações diretas e notas de rodapé.

k. Referências: padrão ABNT NBR 6.023 (opcional).

Sugestões para confecção de pôster

O pôster pode ser apresentado impresso e apoiado em suporte, tendo algumas características relacionadas ao seu tipo e confecção para melhor visualização:

a. **Pôster em lona**: muito prático na hora de expor, basta abrir, pendurar e já está pronto, tem maior durabilidade, no entanto é mais caro em relação ao pôster de papel.

b. **Pôster laminado**: mesmas vantagens e desvantagens do pôster em lona.

c. **Pôster em papel**: mais barato em relação aos anteriores, para sua proteção precisa de um tubo e tem durabilidade menor.

d. **Dimensões**: recomenda-se para pôster impresso as seguintes dimensões de largura (mínimo de 0,60m até 0,90m) e altura (mínima de 0,90m até o máximo de 1,20m).

e. **Projeto gráfico**: é responsabilidade do autor, deve ser legível a uma distância de pelo menos 1m.

f. **Diagramação**: apresente a diagramação do texto em colunas.

g. **Homogeneidade**: o pôster deve ser coerente, ter homogeneidade e harmonia sem "poluição" de informações.

h. **Cores**: associe o tema com alguma cor. Cuidado com o contraste das cores.

i. **Imagens**: atenção com a resolução e qualidade de elementos gráficos, fotos, figuras e ilustrações.

j. **Atratividade**: procure tornar o pôster mais atraente, organizando todos os seus elementos.

A confecção e exposição das informações no pôster devem respeitar todas as normas e regras, conforme padrão ABNT, normalizadas pela instituição. Em algumas instituições, há uma preocupação em preparar a exposição do conteúdo com a padronização do tema e até das roupas dos apresentadores. É uma forma de criar um equilíbrio visual, que acaba sendo apreciado pelo público participante.

Seminários

O seminário é uma atividade acadêmica muito utilizada por professores como metodologia didático-pedagógica. Quando bem conduzidos propiciam aos alunos melhor aprendizado da pesquisa bibliográfica, discussão e debate em grupo. O seminário estimula ainda a capacidade de organizar fatos (raciocínio lógico, reflexão, interpretação crítica) e apresentar novas ideias, além de lidar com questões éticas. Os alunos aprendem como abordar um tema ou problema racionalmente, em seguida expondo o pensamento e submetendo-o a questionamentos, lidando com a controvérsia de opiniões.

A discussão em grupo quebra a monotonia. Professores habilidosos aproveitam esses momentos para motivar e provocar maior participação do grupo de alunos que compõem a turma. O seminário, além de propiciar a discussão, aumenta o envolvimento dos alunos com o aprendizado da disciplina.

Seminários podem ser desenvolvidos de forma individual ou em grupo, e o tempo de apresentação e os recursos a serem utilizados para exposição da pesquisa bibliográfica sobre o tema podem ser decididos pelos professores e alunos. São excelentes para exercer a prática de apresentações em público.

A apresentação de um seminário é realizada de forma escrita e oral. É importante que os alunos estudem com profundidade o tema nas fontes pesquisadas. Deve-se dominar o assunto ensaiando e treinando bastante o conteúdo pesquisado.

Dissertação de mestrado

A dissertação de mestrado é um trabalho de estudo científico com tema único e delimitado, tendo como objetivo reunir, analisar e interpretar informações pesquisadas, apresentando seus resultados por meio de texto normatizado ao final do curso. É realizada sob orientação de um professor com título de doutor. Sua apresentação é feita de forma escrita e oral e o objetivo do aluno é conquistar o grau de mestre. No Capítulo 2 descrevo informações sobre o papel do professor orientador.

Tese de doutorado

A tese de doutorado é um trabalho de estudo científico com tema delimitado. Deve ser resultado de pesquisa rigorosa, contribuindo no campo do conhecimento com algo inédito e de relevância científica do tema. É realizada sob orientação de um professor com título de doutor e visa a obtenção do grau de doutor. Sua apresentação é feita de forma escrita e oral e defendida de forma pública ao final do curso.

Exame de qualificação

O exame de qualificação é a apresentação de um projeto de dissertação de mestrado ou da tese de doutorado apreciado por uma banca examinadora. É uma espécie de pré-banca. Geralmente não tem nota, apenas o resultado de aprovado ou reprovado e recebe sugestões e recomendações ao trabalho de pesquisa. O aluno candidato deve atender às normas e aos procedimentos específicos de sua instituição, além das sugestões de seu professor orientador e da banca examinadora. Tem arguição realizada pela banca examinadora.

Com a aprovação do exame de qualificação o aluno poderá prosseguir no desenvolvimento e na preparação da defesa da dissertação de mestrado ou tese de doutorado. Os itens a serem considerados no momento da oratória para apresentação do exame de qualificação são os mesmos da defesa de dissertação de mestrado e tese de doutorado.

A Defesa de Dissertação de Mestrado e Tese de Doutorado

A defesa de dissertação de mestrado ou tese de doutorado é o último exame para obter o grau de mestre ou doutor. Tem como objetivo examinar o trabalho de pesquisa realizado pelo aluno, sendo realizada de forma pública, constituída por uma banca examinadora.

A instituição torna pública a defesa do aluno fazendo a divulgação por meio de site ou e-mail e o orientador também se encarrega de divulgar para mais pessoas. Portanto, o aluno não deve ficar surpreso se no dia de sua apresentação estiverem presentes pessoas que ele não conhece.

Banca Examinadora

Normalmente a banca examinadora é composta por três membros (no caso de defesa de dissertação para obtenção do grau de mestre) ou por até cinco membros (em caso de defesa de tese para obtenção do grau de doutor), além do professor orientador. Os componentes que fazem parte da banca examinadora são professores universitários que têm formação de doutorado e linha de pesquisa e estudos relacionados, ou com proximidade, com a área e tema em análise do aluno candidato. São membros indicados pelo professor orientador ou pela coordenação do curso.

Os membros da banca examinadora recebem cópias do trabalho do aluno candidato, antes da data de defesa, para fazer questionamentos e sugerir alterações e correções pertinentes ao tema. O nome *banca* é dado porque seus examinadores têm como objetivo "atacar" a tese do candidato botando "banca" com seus conhecimentos pessoais, daí o nome banca.

Conhecer o perfil dos membros que vão compor a banca examinadora antecipadamente, acessando seu currículo Lattes, consultando formação e produções acadêmicas realizadas e atividade profissional é uma forma de se sentir mais fortalecido e preparado para sua defesa.

Regras, prazos, rituais, formalismo, protocolos, composição de banca e outras informações são específicas e podem variar conforme cada regimento da instituição de ensino.

Preparação para Defesa do Trabalho perante a Banca

O candidato deve fazer a defesa de seu trabalho com "unhas e dentes", por isso é importante que se prepare previamente para os seguintes itens de sua oratória:

a. O professor orientador abre o evento, apresenta o tema, o aluno, os membros da banca examinadora, descreve o currículo e a formação de cada professor, faz os agradecimentos gerais e estabelece os procedimentos.

b. O orientador assume um papel de intermediador da defesa.

c. Antes do início da arguição, de forma geral, o candidato tem um tempo de 20 a 30min para fazer apresentação de seu trabalho.

d. Apesar de ser pública, a defesa é uma atividade que tem participação mais efetiva do aluno pesquisador, do orientador e dos membros da banca examinadora, sendo a participação de outras pessoas mais restrita, não podendo participar com questionamentos.

e. Ao iniciar agradeça ao seu orientador, aos membros da banca examinadora, às outras pessoas presentes e à sua instituição.

f. Os membros da banca examinadora solicitam a explicação de pontos específicos ou confusos que anotaram previamente na cópia do trabalho.

g. As perguntas devem ser sobre o tema apresentado.

h. Os examinadores podem discordar das afirmativas dos pontos de vista do candidato e ele deve estar preparado para defender suas posições.

i. A ordem de arguição dos examinadores é combinada pela banca examinadora.

j. Seja claro nas explicações, não precisa falar difícil.

k. Seja formal, evite gírias e expressões coloquiais, não procure ser engraçado, utilize linguagem culta.

l. Se fizer uso de slides, utilize palavras curtas e as que mais representam os pontos principais de seu trabalho. Lembre-se de não ultrapassar o tempo determinado por seu orientador.

m. Nada de usar figuras, imagens ou desenhos animados. Evite o "show pirotécnico" nos slides.

n. Quadros, tabelas e dados são bem-vindos se fizerem parte da estratégia de defesa.

o. Traga todo material de pesquisa e deixe-o ao lado caso precise enfatizar algo que achar importante.

p. O aluno candidato pode convidar amigos, familiares e colegas do curso para participarem de sua defesa.

q. O domínio sobre o tema do trabalho é o mais importante para a defesa de dissertações de mestrado e teses de doutorado. Treine e estude muito.

O aluno deve providenciar uma cópia da apresentação de seu trabalho escrito para fazer as anotações de sugestões da banca examinadora.

A nota e o desempenho do aluno em sua defesa serão discutidos e avaliados pelos examinadores. Mantenha sua motivação em alta, afinal, você se preparou para isso.

O merecimento de receber o título de mestre ou doutor vai além da apresentação da pesquisa escrita, e o candidato em sua defesa deve caprichar na oratória, mostrar a capacidade de discutir suas pesquisas e achados e o quanto se preparou.

Convidados

Existem situações em que as apresentações dos trabalhos acadêmicos são realizadas com a presença de professores e profissionais convidados, que dominam o tema de exposição dos alunos. Os princípios e protocolos são os mesmos da banca, havendo poucas mudanças, pois isso vai depender da organização do evento. Alunos de outros cursos e público em geral são convidados. Lembre-se que sua seriedade deve ser a mesma, não importa o número de participantes.

Muitas instituições registram e divulgam as apresentações de trabalhos e convidados, destacando o acontecimento por meio de suas comunicações internas e externas (impressos, cartazes, sites).

Ética em suas apresentações acadêmicas

Segundo Ferreira (2009, p. 849), "ética é o estudo dos juízos de apreciação referentes à conduta humana suscetível de qualificação do ponto de vista do bem e do mal, seja relativamente a determinada sociedade, seja de modo absoluto".

Assim como na vida, questões e procedimentos éticos devem ser praticados do início ao fim em todas as etapas que envolvam o desenvolvimento de trabalhos e produções acadêmicas.

Os problemas de ética mais graves encontrados no meio acadêmico estão relacionados com a autoria de trabalhos, manifestando-se de diversas formas (cópia de trabalho, compra de trabalhos ou inclusão de nome de aluno sem que este tenha participado e contribuído) e diversos níveis de consciência (o trabalho pode ter sido copiado conscientemente ou ter trechos copiados de outros sem a devida citação, sem que o aluno tivesse noção de que isto é errado) (KROKOSCZ, 2012, p. 88).

Dica legal: tenha ética, boa conduta e diretrizes pessoais em seu comportamento. Seja íntegro, não minta, engane ou manipule informações para se dar bem ou obter vantagens. Seja honesto e verdadeiro. Lembre-se de quem é, o que pretende ser e como deseja ser lembrado ao longo de sua vida.

Evitando o Plágio em Apresentações Acadêmicas

Quero chamar sua atenção com um assunto que cada vez mais tem ocupado espaço nas discussões acadêmicas. Todo o ambiente da vida acadêmica é caracterizado principalmente pela produção de pesquisa científica de diversos autores.

O plágio em trabalhos acadêmicos não é algo novo, sendo tratado pela comunidade acadêmica como apropriação ou imitação de pensamentos, palavras e ideias de outros autores sem dar o devido crédito ao seu autor. Sua prática é vista como algo desonesto. Em muitas instituições de ensino, quando da abertura de sindicância para apuração da ocorrência, se comprovado sua prática, podem ocorrer punições, desde uma simples advertência, reprovação do trabalho apresentado ou expulsão do estudante da instituição de ensino.

A maioria dos alunos de ensino superior no Brasil tem que conciliar seus estudos com a carreira profissional. Eles têm que frequentar as aulas, realizar avaliações, leituras, participar de grupos de estudos, seminários e várias outras atividades complementares para compor as notas das diversas disciplinas do curso. Além disso, desempenham outros papéis na vida pessoal, como familiar, conjugal e social. Com isso tudo somado à má gestão do tempo e à necessidade de cumprir as exigências acadêmicas, o aluno pode se ver tentado a simplificar sua vida buscando o que já está pronto, resultando na prática do plágio.

Podemos encontrar algumas definições de plágio como o "ato ou efeito de plagiar que significa assinar ou apresentar como seu (obra artística ou científica de outrem), imitar trabalho alheio" (FERREIRA, 1999, p. 1581). No dicionário Houaiss da Língua Portuguesa (HOUAISS, 2009), plágio é definido como "ato ou efeito de plagiar; apresentação feita por alguém, como de sua própria autoria de trabalho, obra intelectual etc., produzido por outrem".

No campo artístico e comercial, o direito autoral é protegido por lei, sua reprodução sem a prévia autorização pode ser questionada, sendo os responsáveis pela cópia penalizados conforme a legislação vigente. Mas quando falamos da relação aos conteúdos que envolvem intelectualidade (ideias, textos e atividades), o plágio ocorre porque os créditos não foram atribuídos ao responsável original. Além de falta de ética, é crime conforme o Código Penal, artigo 184, que prevê pena de detenção de três meses a um ano ou pagamento de multa.

> "Polícia! Para quem precisa
> Polícia! Para quem precisa de polícia."
>
> **Polícia - Titãs**

Até para os professores e orientadores mais experientes existe a dificuldade em determinar que um trabalho acadêmico entregue foi plagiado. Isso acontece porque o trabalho apresentado tem coerência, boa apresentação, está bem-feito com indicação das fontes, além de as regras normativas serem atendidas. Nesses casos, é importante o professor conhecer como seus alunos realizam suas produções e escrevem, pois isso ajuda a confirmar se realmente o trabalho é da autoria deles.

Conheço vários professores que desenvolveram estratégias pessoais, utilizando inclusive programas de computador de detecção eletrônica de plágio em suas orientações de trabalhos acadêmicos, além disso há várias ferramentas gratuitas que estão disponíveis na internet. Ao final deste capítulo apresento algumas delas.

Com o uso da internet há estudantes que insistem em buscar o que é mais fácil, que já está pronto, burlando regras e orientações de seus professores. Através do uso dos famosos atalhos de teclado Ctrl + C e Ctrl + V pode-se, respectivamente, copiar e colar qualquer texto alterando apenas os nomes de seus autores e alguns poucos parágrafos. Há situações em que o autor de sua produção acadêmica, de forma involuntária, comete o plágio por falta de habilidade com a citação ou de conhecimento mais específico. Quando a revisão é realizada pelo professor e este identifica o plágio feito sem a má intenção, pode sugerir ao aluno, que tem dificuldade de sintetizar um texto, a realização da citação na íntegra ou pedir ainda que faça uma nova redação, evitando que passe por alguma situação de vergonha e constrangimento ou tenha seu trabalho reprovado, acusado por praticar plágio ou cópia indevida.

Sempre escuto relatos de alunos que não utilizam a internet com medo de alguns de seus trabalhos serem reconhecidos como prática de plágio. A internet é uma realidade, está aí, ninguém tem dúvidas de seus benefícios. No entanto saiba utilizá-la bem e de forma correta. O plágio existe desde a Antiguidade, mas com as facilidades da tecnologia tem se propagado de forma alarmante, se tornando uma verdadeira "praga acadêmica".

Se surgir alguma dúvida, consulte regras e procedimentos institucionais, fale com seu orientador, conheça a cultura, os valores e os princípios da sua instituição de ensino, cuide de sua reputação pessoal. Para evitar o plágio, faça o emprego correto da escrita, das citações e referências das obras pesquisadas, fazendo as respectivas referências e citações aos autores originais, seja em informações utilizadas em slides ou material impresso.

Não se deixe levar pela ganância de obter sucesso rápido e fácil, sem esforço próprio. Seja responsável com as informações e com o material de pesquisa apresentado para seu público, desenvolva competência técnica. Isso dá mais credibilidade. Mostre respeito ao material pesquisado, seja honesto com sua instituição, seu professor, seus colegas de grupo e com você mesmo.

Para quem vai realizar apresentações acadêmicas em outros países, vale lembrar que a definição de plágio é mais rígida e o cuidado deve ser redobrado. Há instituições que têm comissões formadas por professores com o objetivo de identificar se o trabalho acadêmico foi resultado de plágio. Quando a descoberta é feita antes, o aluno não pode realizar a apresentação, mas se foi descoberto depois, é mais grave, pois pode impactar na perda do título defendido, além da perda da credibilidade da instituição.

 Dica legal: uma forma de praticar, treinar e se preparar é assistir a outras apresentações acadêmicas, anotando e observando como acontece a defesa, a arguição, a oratória do apresentador e a atuação da banca examinadora. É o que chamamos de aprender com erros e acertos dos outros. Grave suas apresentações, peça para que pessoas mais próximas de você façam uma avaliação criteriosa apontando possíveis melhoras. Durante a vida acadêmica, experimente realizar um pouco de cada tipo de apresentação.

Sarau Acadêmico

Para refletir

"Rapadura é doce, mas não é mole." Significa que coisas boas podem oferecer algum tipo de dificuldade.

Sugestões de leitura

ANDRADE, M. M. de. *Como preparar trabalhos para cursos de pós-graduação*: **noções práticas.** 6. ed. São Paulo: Atlas, 2004.

O objetivo principal da obra é a apresentação de noções de metodologia dos trabalhos científicos mais solicitados em cursos de pós-graduação, bem como apresentar as características dos principais eventos e das principais reuniões de caráter científico, das quais o pós-graduando participa e apresenta seus trabalhos de pesquisa.

KROKOSCZ, M. *Autoria e plágio*: **um guia para estudantes, professores, pesquisadores e editores.** Atlas: São Paulo, 2012.

Este livro pode ser utilizado como recurso didático nas disciplinas destinadas à formação científica, tais como metodologia científica, técnicas de pesquisa, redação acadêmica e atividades relacionadas à produção e publicação de trabalhos científicos. Krokoscz explica o que é plágio, por que acontece, demonstra os tipos de plágio no âmbito acadêmico e como pode ser evitado.

LIMA, M. C. *Monografia*: **a engenharia da produção acadêmica.** 2. ed. Saraiva: São Paulo, 2004.

O livro apresenta conceitos-chave, como as diferentes fontes de conhecimento, a prática da pesquisa e a monografia como expressão intelectual, além de discussões sobre abordagens qualitativas e quantitativas. A autora apresenta ainda o processo de redação, estrutura e checklist do relatório final de pesquisa.

SEVERINO, A. J. *Metodologia do trabalho científico.* 23. ed. São Paulo: Cortez, 2012.

A obra tem por objetivo apresentar aos estudantes universitários subsídios teóricos e práticos para defrontar com várias atividades que são solicitadas no desenvolvimento do processo de ensino-aprendizagem da formação acadêmica. O livro discorre sobre a importância de o aluno de curso universitário saber se organizar, o compromisso com a construção do conhecimento, as modalidades de metodologias de pesquisa, a formação de tese de doutorado e dissertação de mestrado, a qualificação e a defesa pública.

Sites relacionados

A sugestão para você consultar estes recursos é justamente para evitar a utilização de forma indevida de fontes, fazendo as citações de forma correta. Consulte os links:

Fundação de Amparo à Pesquisa do Estado de São Paulo – FAPESP. *Código de Boas Práticas Científicas.* Disponível em: <http://www.fapesp.br/boaspraticas/FAPESP-Codigo_de_Boas_Praticas_Cientificas_jun2012.pdf>. Acesso em: 26 nov. 2016.

Portal da Escrita Científica do Campus USP de São Carlos. *Links antiplágio.* Disponível em: <http://www.escritacientifica.sc.usp.br/anti-plagio/>. Acesso em: 26 nov. 2016.

Espaço musical

Exercício: estudante guerreiro

Boa parte dos estudantes de cursos universitários no Brasil trabalha e estuda, sobrando pouco tempo para se dedicarem mais às suas pesquisas e produções acadêmicas. Mesmo com pouco tempo disponível, muitos procuram superação para que suas apresentações acadêmicas sejam realizadas com a melhor qualidade.

Muitos desses estudantes percorrem grandes distâncias se deslocando para o trabalho e, depois de um dia cansativo, encontram forças para fazer um curso, assistem a aulas brigando com o cansaço, enfrentam fome e estresse, com pouca grana no bolso que, às vezes, não dá nem para fazer um lanche. Ao término da aula vão para casa. Depois de um banho, dormem algumas horas e iniciam tudo novamente no dia seguinte.

Mesmo diante de tantos obstáculos e de tantas dificuldades, procure ter motivação e empenho no desenvolvimento e na pesquisa de seus trabalhos acadêmicos. Seja melhor sempre. Boa parte dos estudantes concentra suas pesquisas e seus encontros acadêmicos aos finais de semana. Aproveite bem esse tempo.

Há estudantes que são verdadeiros guerreiros, fazem um grande esforço para aprimorarem seus conhecimentos e com certeza farão a diferença em suas carreiras profissionais e objetivos pessoais. Seja persistente sempre.

Pesquise, escute e curta na internet os links a seguir:

a. **A Estrada** – Cidade Negra. Disponível em: <http://letras.mus.br/cidade-negra/45268/>. Acesso em: 16 out. 2016.

b. **Janaína** – Biquini Cavadão. Disponível em: <http://www.cifraclub.com.br/biquini-cavadao/janaina/>. Acesso em: 16 jun. 2016.

c. **Nosso Grito** – Fundo de Quintal. Disponível em: <http://letras.mus.br/fundo-de-quintal/69991/>. Acesso em: 14 nov. 2016.

d. **O Pequeno Burguês** – Martinho da Vila. Disponível em: <http://www.cifraclub.com.br/martinho-da-vila/o-pequeno-burgues/>. Acesso em: 14 out. 2016.

Após escutar e curtir as músicas sugeridas anteriormente, faça uma analogia das letras com as dificuldades enfrentadas no dia a dia por muitos alunos. Compartilhe a sua opinião e realize um debate com seus colegas de classe.

Sessão pipoca

Após assistir aos filmes sugeridos no Quadro 1.1, você pode discutir os temas para debate relacionando-os com o desenvolvimento de trabalhos acadêmicos.

Quadro 1.1 Roteiro para discussão de analogia de filmes com desenvolvimento de trabalhos acadêmicos

Filmes de referência	Temas relacionados	Questões para debate
Os Incríveis. Diretor: Brad Bird. Ano: 2004. Gênero: animação. Sinopse: é um filme divertido que conta a história de uma família de ex-super-heróis: Beto Pêra, sua esposa Helena, a mulher elástica, e seus três filhos, os jovens Violeta e Flecha e o bebê (Zezé). O filme enfatiza o lado humano dos personagens, possibilitando analisar e discutir dilemas emocionais e morais que a família vive. Mostra ainda que a família, ao reconhecer as competências individuais de seus integrantes e com sinergia e espírito de equipe acabam fortalecendo a família enquanto grupo.	• Burocracia • Satisfação • Motivação • Competências pessoais • Mudanças • Aceitação do diferente • Autoestima • Inovação • Trabalho em equipe • Solidariedade	1. Como realizar um trabalho acadêmico em grupo obtendo o melhor resultado de seus integrantes. 2. Identificar habilidades e competências individuais como forma de atingir objetivos comuns ao grupo. 3. Satisfação pessoal ao desenvolver atividades acadêmicas. 4. Como o tédio e a falta de comprometimento podem afetar os resultados do grupo.

Pequena Miss Sunshine. Diretor: Jonathan Dayton e Valerie Faris. Ano: 2006. Gênero: comédia dramática/aventura. Sinopse: é a história de uma família hilariante formada pelo pai Richard (Greg Kinnear), que se esforça em vender seu programa motivacional para ter sucesso, a mãe Sheryl (Toni Collette), que preza pela ética, seu irmão (Steve Carell), a jovem de 7 anos Olive (Abigail Breslin), seu irmão Dwayne (Paul Dano) e o avô (Alan Arkin). Olive foi convidada a participar de um concurso de beleza, então toda a família parte em uma Kombi para torcer por ela.

- Motivação
- Autoestima
- Perseverança
- Criatividade
- Ética
- Treinamento
- Sentido da vida
- Objetivos
- Liderança
- Sinergia
- Comportamento de grupo
- Mudanças

5. Quero destacar uma cena inicial para assistir e discutir com seus colegas de grupo sobre a importância de ter autoestima em suas apresentações acadêmicas. Cena: de 1h26min ("há dois tipos de pessoas neste mundo") até 2h27min (aplausos).

6. Discuta a importância da motivação de participação a família em seus projetos pessoais e profissionais.

Ritmo Total. Diretor: Charles Stones. Ano: 2002. Gênero: comédia. Sinopse: o jovem baterista Devon Miles (Nick Cannon) ganha uma bolsa de estudos para estudar numa universidade de Atlanta, conhecida por sua tradicional banda de marchas. Devon é o melhor talento nato que sua faculdade já teve, mas por ter uma personalidade muito individualista, descobre que é preciso mais que talento para conseguir sucesso em seus objetivos pessoais.

- Busca de desafios
- Comportamento
- Conflito
- Decisão
- Valores
- Ética
- Trabalho em equipe
- Empatia
- Motivação
- Sentido da vida
- Liderança
- Comprometimento
- Objetivos comuns e de grupo.

7. Como objetivos individuais se sobrepõem aos objetivos de grupo?

8. Por que a motivação de grupo fortalece a motivação individual de Davis Miles?

9. Qual a importância da liderança em desenvolvimento de trabalhos acadêmicos?

10. Como a ética e os valores pessoais podem influenciar em resultados de trabalhos acadêmicos?

11. Qual a importância de escutar o outro?

12. Que outros aspectos podemos relacionar do filme com a vida acadêmica?

Capítulo 2

O PAPEL DO ORIENTADOR

"Nem tudo é como você quer
Nem tudo pode ser perfeito
Pode ser fácil se você
Ver o mundo de outro jeito

Se o que é errado ficou certo
As coisas são como elas são
Se a inteligência ficou cega
De tanta informação

Se não faz sentido, discorde comigo
Não é nada demais

São águas passadas
Escolha uma estrada
E não olhe,

Não olhe pra trás

Você quer encontrar a solução
Sem ter nenhum problema
Insistir e se preocupar demais
Cada escolha é um dilema."

Não Olhe pra Trás - Capital Inicial

Objetivos de Aprendizagem

► Reconhecer os papéis do professor orientador.
► Escolher seu orientador por meio de consulta do currículo Lattes para analisar sua produção na área do conhecimento da escolha do tema do aluno.
► Mostrar como se adaptar ao orientador considerando características pessoais.
► Ressaltar a capacitação, o tempo disponível, a boa vontade e a empatia do orientador para melhor resultado na orientação do trabalho acadêmico.

O Professor Orientador

Como vimos no capítulo anterior, os tipos de trabalhos acadêmicos são variados, muitos têm a necessidade de orientação de um professor com experiência pelo grau de complexidade técnica, outros por exigência da instituição.

Mesmo com tanta tecnologia disponível nos dias atuais, o professor continua sendo alguém que ainda não pode ser substituído por computadores e sua qualificação pessoal continua sendo cada vez mais exigida. Mais que ensinar, ele tem um papel importante de facilitador da aprendizagem.

Existem instituições que indicam o professor orientador, outras permitem a livre escolha por parte do aluno. Procure combinar a orientação de determinado tema com o professor desejado quando isso for possível. No caso em que o orientador é indicado e não há possibilidade de escolha, não existe outra alternativa senão a de se adaptar ao seu estilo de orientação e para isso é importante conhecer a personalidade dele.

> "Reflexo no espelho leva à emoção
> A lágrima ameaça do olho cair
> Semente fecundou
> Já começa a existir
>
> É cria, criatura e criador
> Cuida de quem me cuidou
> Pega na minha mão e guia."
>
> **Cria – Maria Rita**

Se você já tem um tema, então apresente e discuta com o professor ou desenvolva o assunto sugerido por ele, mostre suas necessidades e seus objetivos para que o desenvolvimento possa atingir suas expectativas.

O orientador pode contribuir por meio de sua experiência com sugestões de ideias, textos, estruturação do trabalho acadêmico, relacionamento com pesquisas diversas, por isso é importante demonstrar ao orientador que vale a pena investir o tempo dele em você.

A escolha do professor orientador deve considerar:

a. Disponibilidade de tempo do professor para orientá-lo.

b. Que o aluno conheça os melhores professores do curso e suas áreas de atuação de pesquisa. Consulte o currículo Lattes do professor orientador para levantar informações, como produção de conhecimento de sua área. Mas isso não é uma regra. Não adianta escolher o melhor orientador se ele não desejar ou não tiver tempo para orientá-lo. Professores com pouca experiência ou em início de orientações de trabalhos acadêmicos de forma geral apresentam-se mais disponíveis e receptivos. Vale a pena investigar.

c. Que o aluno desenvolva empatia com seu orientador. Lembre-se que você deve convencer seu orientador que merece a devida atenção dele e que vai se esforçar para cumprir atividades e cronogramas estabelecidos por ele.

d. Que o aluno conheça bem o estilo do professor orientador. Procure informações com outros orientandos sobre sua forma de orientação sabendo inclusive o que deve ser evitado.

e. Que há professores que assumem muitos trabalhos de orientação, o que faz com que seu tempo fique muito escasso e disputado. Procure ter bastante paciência e aproveitar melhor os encontros pessoais com seu orientador, leve suas dúvidas sempre registradas, anote tudo a cada novo encontro e mostre organização pessoal.

f. Que o aluno evite fazer comparações de seu professor orientador com outros profissionais, principalmente falando isso diretamente para ele.

g. O relacionamento do orientando com seu professor orientador. Esse relacionamento deve ser o melhor possível. Lembre-se que ele será o coautor de seu trabalho acadêmico.

Professores têm estilos e características diferentes em atividades de orientação: há os pacientes, os impacientes, os com boa ou nenhuma vontade de orientação, os incentivadores e os que não estão nem aí para você. Outros auxiliam e estimulam o aluno a pensar, oferecem feedback, são organizados, não se mostram superiores, reconhecem as limitações do aluno sugerindo melhores alternativas. Muita atenção, pois a adaptação e a aceitação ao estilo e à personalidade do professor orientador serão maiores de sua parte.

Ter um orientador "bonzinho" e "legal" não significa ter um resultado de ótima orientação. Saiba separar bem as coisas. Há professores que são muito exigentes em suas orientações, pois desejam ter o melhor resultado de seus orientandos.

Na prática

Tente lembrar de seus melhores professores em toda a sua vida. Quando faço isso, inicialmente, sem nenhum esforço, me vem à mente os mais exigentes.

O orientador é um facilitador de aprendizagem. Muitos alunos veem no orientador uma espécie de exemplo para parte de seus objetivos de vida, por isso que sabedoria, valores sociais, prestígio e críticas também são valorados na orientação.

O orientador tem o papel de determinar objetivos e indicar quais são os meios para alcançar os resultados desejados. O professor orientador, quando comprometido, apoia os alunos ajudando-os a descobrir seu potencial e a superar possíveis obstáculos, inclusive fazendo aconselhamentos que se fazem necessários em situações de baixo desempenho ou falta de motivação por parte do aluno.

A escolha do orientador deve ter como critério experiência profissional, conhecimento técnico e científico e o envolvimento com o tema de pesquisa. Há professores que fazem a diferença para toda a nossa vida, muitos professores são inspiradores.

 Dica legal: para consultar o currículo Lattes, basta procurar pelo nome do professor no link http://lattes.cnpq.br e em seguida selecionar a opção Buscar Currículo.

Curiosidade

Coaching é a técnica de treinamento baseada na orientação pessoal e no acompanhamento do treinando, que executa atividades relacionadas ao seu trabalho. O instrutor ou treinador motiva seu aluno a atingir seus objetivos por meio de demonstrações de novas técnicas que facilitem seu aprendizado.

Mentoring pode ser definido como tutoria, uma espécie de conselheiro, guia, mestre com muita experiência em determinada área. Assim como o *coaching*, o *mentoring* procura assegurar que o aluno tenha condições adequadas para atingir seus objetivos.

Sarau Acadêmico

Espaço musical

Pesquise, escute e curta na internet os links a seguir:

a. **Cria** – Maria Rita. Disponível em: <http://letras.mus.br/maria-rita/1083245/>. Acesso em: 12 dez. 2016.

b. **Meu Erro** – Paralamas do Sucesso. Disponível em: <http://www.vagalume.com.br/paralamas-do-sucesso/meu-erro-letras.html>. Acesso em: 24 out. 2016.

c. **Não Olhe pra Trás** – Capital Inicial. Disponível em: <http://www.vagalume.com.br/capital-inicial/nao-olhe-pra-tras.html>. Acesso em: 24 out. 2016.

d. **Por quem os Sinos Dobram** – Raul Seixas. Disponível em: <http://www.vagalume.com.br/raul-seixas/por-quem-os-sinos-dobram.html>. Acesso em: 24 out. 2016.

Após escutar e curtir as músicas, faça uma analogia das letras com o tema de professor orientador e orientando. Compartilhe a sua opinião e realize um debate com seus colegas de classe.

Sessão pipoca

Após assistir aos filmes sugeridos no Quadro 2.1, você pode discutir os temas para debate relacionando-os com o papel do professor orientador.

Quadro 2.1 Roteiro de analogia de filmes com o papel do professor orientador

Filmes de referência	Temas relacionados	Questões para debate
Coach Carter: Treino para a Vida. Diretor: Thomas Carter. Ano: 2005. Gênero: drama. Sinopse: baseado em uma história real do técnico e professor Ken Carter, procura mostrar que não é somente a disciplina e dedicação integral de treinamentos que levam ao surgimento de campeões. Tão importante quanto ganhar jogos é a vitória que vem dos estudos. Tudo se passa na Richmond High School, que tem um dos piores times de basquete da liga estudantil. A chegada de um novo técnico, Carter (Samuel L. Jackson), vai mexer com a conceituação de escola que a comunidade tinha. O técnico Carter introduz uma série de mudanças na escola. O filme é uma referência obrigatória para todos aqueles que trabalham e vivenciam a educação e o desenvolvimento integral de pessoas.	• *Coaching* • Motivação • *Mentoring* • Esforço • Engajamento • Discriminação • Justiça social • Liderança • Reconhecimento • Superação de obstáculos • Limites • Educação • Equipe • Empreendedorismo • Comprometimento • Paixão • Sentido da vida	1. A obstinação de Carter, que queria criar "homens", ao invés de estrelas momentâneas. Ele incentivava os alunos a esperarem mais deles próprios e a olharem para o futuro. 2. Considerando que o esporte é complementar à formação do indivíduo – e que por meio dele aprendemos a trabalhar em equipe, a conhecer nossas forças e limites e a treinar constantemente para adquirir conhecimento e disciplina –, qual analogia podemos fazer com o dia a dia nas faculdades com nossas atividades acadêmicas? 3. Qual analogia você pode fazer do treinador Carter com o professor orientador descrito neste capítulo?

Jamaica Abaixo de Zero.
Diretor: Jonh Turteltaub.
Ano: 1993. Gênero: comédia.
Sinopse: a história parece piada, mas aconteceu de verdade. São quatro despreparados atletas jamaicanos com um sonho impossível: participar das Olimpíadas de Inverno com trenó de neve. Competem em 1988 pela medalha de ouro, num esporte que eles nunca praticaram. Contando com a vontade e a coragem de cada um, eles acabaram tornando-se heróis. Uma comédia real, divertida e motivadora que mostra por que se deve trabalhar em equipe, mesmo quando os objetivos individuais são diferentes, e como o treinador Irwin Flitzer (John Candy) consegue desenvolver comprometimento entre seus colaboradores. Derice Bannock (Leon), um jamaicano filho de um antigo amigo de Irwin, procura pelo técnico para treinar e liderar a primeira equipe de trenó da Jamaica. Após alguns problemas iniciais, rumam para Calgary, Canadá, onde se realizam os Jogos de Inverno. Em uma temperatura bastante baixa, Derice, Sanka (Doug E. Doug), Junior (Rawle D. Lewis) e Yul (Malik Yoba) são hostilizados por todos, pois ninguém imaginava que um time de trenó da Jamaica, comandado por um treinador desacreditado, poderia ser levado a sério.

- *Coaching*
- Motivação
- *Mentoring*
- Esforço
- Engajamento
- Discriminação
- Justiça social
- Liderança
- Reconhecimento
- Superação de obstáculos
- Limites
- Educação
- Equipe
- Empreendedorismo
- Comprometimento
- Paixão
- Sentido da vida

4. Quais as principais habilidades que você consegue identificar no técnico Irwin para liderar uma equipe?

5. Como o técnico conseguiu engajar e comprometer sua equipe para atingir objetivos em comum?

6. Por que o técnico Irwin escolhe a posição que cada um deve ocupar no trenó?

7. O técnico fez a diferença para a equipe? Explique o motivo.

8. Como o técnico desenvolve a autoestima de seus atletas?

9. O que os atletas fizeram para se adaptar ao estilo de liderança do técnico Irwin?

10. Qual relação é possível fazer do técnico Irwin com o que se espera de um professor orientador e como deve ser a postura de um treinando? Justifique.

continua...

continuação.

Filmes de referência	Temas relacionados	Questões para debate
Menina de Ouro. Diretor: Clint Eastwood. Ano: 2004. Gênero: drama. Sinopse: Frankie Dunn (Clint Eastwood) passou a vida nos ringues, tendo agenciado e treinado grandes boxeadores. Agora, comanda uma decadente academia de boxe com seu amigo Scrap (Morgan Freeman). Com muita relutância, aceita treinar Maggie (Hilary Swank), uma garota que tenta tornar-se boxeadora profissional.	• *Coaching* • Motivação • *Mentoring* • Esforço • Engajamento • Discriminação • Justiça social • Liderança • Reconhecimento • Superação de obstáculos • Limites • Educação • Equipe • Empreendedorismo • Comprometimento • Paixão • Sentido da vida	11. O que fez com que Frankie aceitasse treinar Maggie? 12. Como Maggie conseguiu atingir seu objetivo, o de ter Frankie como técnico? 13. O que movia Maggie a continuar treinando, mesmo sozinha? 14. Como Maggie conseguiu ser uma boxeadora vencedora? O que é preciso para desenvolver talentos? 15. Que semelhanças podemos destacar entre o treinamento de Maggie e o processo de *coaching*, muito utilizado no meio empresarial? 16. O treinador aprendeu com Maggie? 17. Frankie, que sempre foi conservador, teve que usar de flexibilidade em seu papel. Por quê? Que ações dele justificam essa afirmação? 18. Qual comparação você pode fazer de Maggie e do técnico Frankie com o professor orientador e seus alunos orientandos em qualquer atividade acadêmica?

Capítulo 3

PLANEJAMENTO DA APRESENTAÇÃO ACADÊMICA

"Não sou eu quem me navega, quem me navega é o mar
Não sou eu quem me navega, quem me navega é o mar
É ele quem me carrega como quem fosse levar
É ele quem me carrega como quem fosse levar."

Timoneiro – Paulinho da Viola

Objetivos de Aprendizagem

- ► Explicar a definição, conceitos e princípios sobre planejamento.
- ► Ilustrar estratégias e ações a fim de que os objetivos e as metas possam ser alcançados.
- ► Evitar o desenvolvimento de uma apresentação acadêmica na base do improviso.
- ► Mostrar cronograma e agenda pessoal para administrar melhor o seu tempo.
- ► Demonstrar como realizar atividades em grupo para atingir objetivos comuns.

Definição de Planejamento

Neste capítulo serão apresentados conceitos e princípios sobre planejamento baseados nas Teorias da Administração. O sucesso de suas apresentações acadêmicas começa a partir de um bom planejamento. Está comprovado que quando há planejamento você atinge de forma mais assertiva os objetivos desejados.

> **Planejamento**
>
> É o início da nossa conversa para o desenvolvimento e a apresentação de seus trabalhos acadêmicos.

O planejamento deve ser realizado para atingir objetivos em curto ou longo prazo. Isso vai depender de suas necessidades. Curto prazo é quando as produções acadêmicas precisam ser desenvolvidas e apresentadas em menos tempo (semanas, alguns meses); enquanto que as produções de longo prazo levam mais tempo para sua preparação: é o caso do TCC (Trabalho de Conclusão de Curso), monografias, apresentações de dissertação de mestrado, que leva em média dois anos e meio, e defesa de tese de doutorado, que pode levar em média de quatro a cinco anos, dependendo de cada pesquisa científica.

Planejamento significa prever, investigar, tentar "enxergar" o futuro, antever os fatos e as circunstâncias em que ocorrerão e que nos interessam para atingir objetivos e metas previamente estabelecidos.

Planejar implica pensar antecipadamente nas tarefas e ações de como as coisas devem ser iniciadas, como realizar atos com base nos melhores métodos, planos, criar cenários, estratégias, táticas e procedimentos racionais a fim de que os objetivos possam ser alcançados, não realizando algo baseado em palpites ou improvisos.

Objetivos e Metas

No planejamento, objetivos podem ser considerados como propósitos permanentes a serem atingidos. Já as metas são resultados ou alvos a serem atingidos como consequência de um plano, projeto ou programa tendo um prazo previsto para sua execução. As metas podem ser vinculadas a uma data ou período.

> **Meta**
> Fixar uma meta é uma forma de motivar o comprometimento com os resultados desejados.

Fixar metas é uma forma de criar desafios, além de fazer com que você fique mais motivado e comprometido para perseguir os objetivos estabelecidos. Vamos a um exemplo. Imagine que seu professor solicite a apresentação de uma pesquisa de trabalho acadêmico sobre um tema relacionado à disciplina que ele leciona. Você pode simplesmente declarar: "Quero tirar a melhor nota possível para ser aprovado" ou então determinar uma meta como "Quero tirar uma nota dez". Nesse exemplo, podemos considerar que a apresentação da pesquisa de trabalho acadêmico é o seu objetivo enquanto que o desejo de receber uma nota dez do professor passou a ser uma meta que vai provocar uma motivação a mais para você, fazendo com que o seu empenho, a sua dedicação e o seu esforço no desenvolvimento do trabalho acadêmico sejam maior ainda.

Como no exemplo que citei anteriormente, metas não são apenas números. O desejo de tirar uma nota dez pode ser chamado de meta quantitativa, mas a meta pode ser também qualitativa. Você já ouviu alguém comentar: "Ele conquistou uma nota dez no trabalho acadêmico com louvor". Podemos considerar que a nota dez foi uma meta quantitativa que o aluno desejava e o louvor atribuído à nota foi uma espécie de reconhecimento, glorificação e elogio por um trabalho acadêmico desenvolvido e apresentado com excelência. Outro exemplo: "Recebi nota dez e aprendi muito com a pesquisa e a apresentação do trabalho acadêmico". Nesse exemplo, além da nota dez, você aumentou seu conhecimento pessoal, enriqueceu o seu saber com muitas informações. Portanto, nos dois exemplos apresentados podemos considerar que existem metas qualitativas e quantitativas. Há muitos alunos que desejam não somente a nota, mas estabelecem para si como metas o reconhecimento. Espero que você alcance sempre as duas metas: a quantitativa e a qualitativa.

Você sabe aonde quer chegar?

Na história clássica de Lewis Carrol, *Alice no País das Maravilhas*, em determinado ponto da floresta, totalmente perdida, Alice se vê diante de uma série de caminhos. De repente, ela vê o gato sobre a árvore e pergunta que direção deve tomar. O gato pergunta aonde ela gostaria de ir. Alice responde que não sabe. Então o gato fala: "Se você não sabe aonde quer chegar, qualquer caminho serve".

Você pode ainda detalhar suas metas, como estabelecer o período em que o material da apresentação e produção acadêmica tem que ser pesquisado, analisado, selecionado e confeccionado, quantas horas, dias, semanas, meses e anos vai precisar dividindo em pequenas etapas, criando um cronograma.

Há metas que são desafiadoras e algumas são difíceis de serem atingidas. Procure ser flexível quando se fizer necessário para mudar ou ajustar metas difíceis. Não crie metas impossíveis de realizar ou inatingíveis. Use o bom senso na hora de defini-las.

Na prática

Quando você quer muito alguma coisa, como comprar um carro, um computador, fazer uma viagem com a família, e todo mês guarda um pouco de dinheiro para que, ao final do ano, esse desejo possa ser realizado, você está criando uma meta. O carro, a viagem, o computador são o objetivo; guardar dinheiro diariamente é o caminho de como atingir o objetivo; e o final do ano é o tempo que precisa para chegar lá.

O planejamento deve ser sempre descrito, pois durante suas ações será possível fazer pequenas correções que possam ser realizadas ao longo de seu desenvolvimento e de sua aplicação. Uma visão ampla do planejamento da apresentação acadêmica facilita "enxergar" suas implicações como um todo, não deixando perder o foco dos objetivos principais.

Planejamento por Escrito, e Não na Cabeça

Inicie o planejamento de sua apresentação acadêmica fazendo um script, que é uma espécie de roteiro de como ela será realizada. Ele pode ser feito em uma folha de papel ou se preferir utilizando o processador de texto do Word® da Microsoft® ou similar. Assim como acontece com filmes no cinema e com peças de teatro, um roteiro é uma história, uma narrativa que tem por objetivo mostrar o caminho a ser percorrido, definir a estrutura e a sequência lógica das ideias e as partes da apresentação passando pelo início, meio e fim. Nenhum diretor de cinema inicia as filmagens de seus filmes sem ter um script na mão.

> **Lembre-se**
>
> **Eficácia** é fazer sua apresentação acadêmica, o que foi solicitado pelo professor, a coisa certa.
>
> **Eficiência** é fazer bem-feito sua apresentação acadêmica utilizando bem os recursos para alcançar os resultados desejados.

O planejamento prévio permite condições favoráveis para uma melhor realização de suas apresentações acadêmicas, além de permitir que você administre melhor os recursos materiais e humanos atingindo objetivos com melhor eficiência e eficácia. O tempo é um dos recursos mais valorizados e a maior justificativa para se praticar o planejamento.

Estratégias no Planejamento

O desenvolvimento da estrutura do planejamento de sua apresentação acadêmica exige também a formulação de estratégias. Podemos definir estratégia como o caminho, um conjunto integrado e coordenado de ações e alternativas disponíveis, formuladas e adequadas para alcançar seus objetivos, seus desafios e suas metas estabelecidas. Você pode utilizar como estratégia de comunicação de sua mensagem, por exemplo, um projetor multimídia, uma apresentação oral, uma apresentação de filmes, uma participação da plateia por meio de dinâmicas de grupo e perguntas etc.

As estratégias devem ser baseadas na criação de cenários. Criar um cenário significa pensar nas situações, nos critérios, nas medidas e nos acontecimentos possíveis para a realização de sua apresentação acadêmica. Isso significa pensar no ambiente da apresentação, no perfil do público, no conteúdo que será apresentado, no material a ser disponibilizado para a plateia etc.

Você deve considerar possíveis ameaças, geralmente obstáculos que podem atrapalhar sua apresentação acadêmica e que podem ser evitados antecipadamente, como falha de equipamentos eletrônicos, falta de energia, chegar atrasado ao local por conta de trânsito ou chuva.

"Plano B" e o Improviso

É sempre bom pensar em ações alternativas, o chamado "plano B", para serem executadas caso seu planejamento ou parte dele seja inesperadamente interrompido ou se torne inadequado, dependendo da situação, impedindo a execução da conclusão de seus objetivos. Problemas acontecem com todos, ninguém está isento. Não é exagero alguém pensar em "plano C", "plano D", enfim, fique à vontade para utilizar todo o alfabeto da língua portuguesa, se julgar necessário.

> **Reflexão**
> "Agir de improviso é uma coisa, fazer de improviso é outra. Saiba diferenciar."

Neste capítulo estou discorrendo sobre como realizar uma apresentação acadêmica de forma planejada, mas saiba que todo o bom planejamento está sujeito a sofrer qualquer tipo de problema. Um equipamento eletrônico que não funciona, o arquivo da apresentação que não abre por apresentar incompatibilidade de versão com o programa que faz a leitura (PowerPoint®, Word® etc.) ou por estar corrompido, o atraso no início da apresentação, diminuindo o seu tempo, e tantos outros.

> **Backup**
> Procure manter cópias de segurança de seus arquivos eletrônicos: sempre mais de uma. Não confie na sorte: se o trabalho é desenvolvido em grupo, todos devem ter cópia com o mesmo conteúdo.

Já vivenciei situações em que o equipamento de audiovisual apresentou falhas. Nessas situações imediatamente providenciei cópias impressas para que a plateia pudesse acompanhar os tópicos da apresentação. É evidente que o material eletrônico havia sido desenvolvido para facilitar a explanação do conteúdo da apresentação, mas isso não tirou o brilho da apresentação, pelo contrário, a plateia reconheceu que o problema foi algo inerente à minha vontade.

Por isso tenha sempre em mãos sua apresentação e o script impresso, pelo menos uma cópia, pois caso aconteçam situações parecidas com a que contei, você vai precisar improvisar e usar a criatividade. Esteja preparado.

Cadastro Acadêmico

Nos objetivos estabelecidos e acordados em grupos de alunos, todos devem cumprir e respeitar prazos, datas e horários previamente combinados, assim como o envio e a troca de material por e-mail. Atrasos ou faltas são geralmente mais toleráveis quando comunicados com antecedência.

Avisar sobre atraso ou falta em um compromisso previamente combinado com seus colegas é uma atitude que demonstra respeito e mostra que você não está fazendo pouco caso do tempo dos outros. Para isso, esteja sempre com os contatos dos integrantes do grupo, afinal, todos estão sujeitos a imprevistos no dia a dia.

Como grupo de alunos é interessante que troquem informações de contato, como telefones, WhatsApp, Facebook, e-mail, registro de aluno (RA) e outras informações que julgarem importantes. Mas atenção, não faça de seus atrasos uma prática: o ideal é esforçar-se para cumprir os compromissos estabelecidos. Lembre-se que isso também é uma postura muito exigida na carreira profissional. Você pode utilizar agendas eletrônicas do próprio telefone celular ou criar uma planilha no Excel® ou Word®, conforme o exemplo do Quadro 3.1.

Quadro 3.1 Modelo de cadastro dos integrantes do grupo

Nome do aluno	Telefone residencial	Telefone comercial	Telefone celular	E-mail	Nº RA

Cronograma e Controle de Atividades

O cronograma é o tempo necessário para desenvolver o trabalho acadêmico ou suas etapas. É uma representação gráfica com datas de início e término do projeto. O desenvolvimento de um cronograma de execução de todas as atividades pode servir de apoio, podendo ser um guia para determinar o tempo que cada etapa do trabalho vai ser realizada. Utilizar um cronograma ajuda muito na hora de identificar se alguma atividade ou tarefa está tomando mais tempo do que foi estabelecido. A Figura 3.1 apresenta exemplo de cronograma que pode ser desenvolvimento em arquivos do tipo Excel®, Word® ou outros similares.

Figura 3.1 Cronograma do trabalho acadêmico em quantidade de dias

Janeiro de 2017: dias do mês																					
Etapas do trabalho acadêmico	1	2	3	4	5-15	16	17	18	19	20	21	22	23	24	25	26	27	28	29	30	31
1 Planejamento	■	■	■	■																	
2 Operacionalização, elaboração e preparação do material					■	■	■	■	■												
3 Redação final do trabalho						■	■	■	■	■											
4 Revisão ortográfica														■	■	■	■				
5 Apresentação do trabalho																			■		

O cronograma é uma estimativa de tempo que, mesmo mediante as regras preestabelecidas e os fatores imprevistos, pode ser alterada e ajustada.

Como um trabalho acadêmico envolve várias fases, a administração de cada uma delas prevê o tempo necessário para passar de uma fase para outra. O Quadro 3.2 apresenta um exemplo de controle da evolução de histórico de reuniões realizadas pelo grupo.

Quadro 3.2 Registro e histórico de evolução das reuniões realizadas pelo grupo

Histórico de evolução de desenvolvimento de trabalho acadêmico nº____01_____
Data: XX/XX/XXXX Hora/início: Xh Hora/término: XXh
Local: Biblioteca da faculdade

1. Alunos presentes: Angela S. Maturana, Gabriel Castro, Mariana Lemos e Mayra Custódio.

2. Histórico: discussão e divisão de pesquisa bibliográfica, forma de apresentação do trabalho, qual o melhor recurso, escolha do tema conforme proposta do professor, divisão das páginas que devem ser digitadas pelos alunos. Na data de 01/03/2016 solicitar reserva de projetor multimídia para o professor. Faremos apresentação com o notebook da Mayra.

3. Atribuições e responsabilidades: até o dia 18/08/2016 todos devem enviar seus arquivos digitados para a Angela, que vai unir conteúdo digitado e fazer a formatação única no padrão ABNT e que, ao término, vai reencaminhar para que todos façam uma nova revisão antes da apresentação.

4. Data do próximo encontro: dia 24/08/2016, na biblioteca da faculdade, às 9h, com material revisado e com sugestões de novas alterações e de como será realizada a apresentação em 29/08/2016.

A principal vantagem de controlar essas fases é reunir o conjunto de regras, normas, procedimentos, atividades, tarefas, objetivos, instruções e orientações que devem ser seguidos e cumpridos por todos os integrantes do grupo e que foram combinados. Esse controle evita qualquer tipo de improvisação, além de demonstrar a evolução de desenvolvimento do trabalho.

Dicas Importantes para Apresentações Acadêmicas Realizadas em Grupo

Para se atingir objetivos individuais e em grupo é importante a discussão sobre o processo de formação de um grupo (equipe), a construção do objetivo comum, a interação entre seus membros e as fases de desenvolvimento de grupo.

Tem-se tornado um desafio constante para empresas a transformação de semelhanças e diferenças individuais em fatores de enriquecimento do grupo. Empresas buscam atingir objetivos por meio de pessoas e seu sucesso ou fracasso vai depender delas. Empresas apreciam muito a habilidade de relacionamento interpessoal como uma característica diferenciada no currículo profissional de seus funcionários. Na vida acadêmica, desenvolver atividades em grupo são consideradas excelentes oportunidades para praticar relacionamentos interpessoais.

A análise dos diversos objetivos individuais lançados para o grupo levará à escolha daquele objetivo que, na crença de seus membros, melhor traduza a satisfação dos motivos individuais e que apresente maior possibilidade de se concretizar com sucesso. Desses fatores vai depender o envolvimento de todos na busca da realização do objetivo definido pelo grupo.

Objetivos individuais são o ponto de partida para a formação de objetivo de grupo. Não é possível formar um verdadeiro objetivo de grupo que não contemple de alguma forma os motivos individuais e de seus membros.

A partir dos motivos do indivíduo para si, surgem os objetivos individuais para o grupo, os quais se caracterizam por só poderem ser atingidos no grupo.

Desde o início da formação do grupo, é importante haver engajamento e comprometimento de todos para consolidar o objetivo comum. Vamos observar isso no envolvimento intensivo, na superação de cansaço, nas limitações pessoais, no desenvolvimento da criatividade e da persistência individual. Isso acontece por meio da confiança mútua em assumir responsabilidades e desafios, da comunicação aberta e verdadeira, do complemento de habilidades pessoais e de alto nível de colaboração entre seus membros. Visões individuais são transformadas em visões compartilhadas para o alcance de uma missão e de um propósito comum.

"E ali logo em frente, a esperar pela gente, o futuro está
E o futuro é uma astronave que tentamos pilotar
Não tem tempo nem piedade, nem tem hora de chegar
Sem pedir licença muda nossa vida, depois convida a rir ou chorar."
Aquarela – Toquinho

Para que o grupo possa existir, deve se definir como grupo, em que os limites devem ser estipulados de modo a deixar claro quem está dentro e quem está fora dele (inclusão). Assim que está formado o grupo, devem se diferenciar papéis e distribuir poder (controle). Para que o grupo possa sobreviver, devem ser criados vínculos pessoais entre os seus membros (afeto). Essas três dimensões ocorrem normalmente nessa ordem no desenvolvimento dos grupos, podendo haver retrocessos e oscilação.

Um bom planejamento do grupo implica também uma boa organização, como distribuição das tarefas, estabelecimento de responsabilidades que cada um tem, que recursos materiais e humanos serão utilizados etc. Apresento algumas sugestões para realizar apresentações acadêmicas em grupo:

a. Para alcançar objetivos com o máximo de retorno, transforme interesses pessoais em interesses comuns do grupo. Estabeleça metas e objetivos possíveis de serem realizados. Não se comprometa mais do que pode, seja realista, faça o que lhe foi designado, não sobrecarregue nenhum integrante.

b. Ter espírito de equipe, união, harmonia e lealdade também é importante para atingir os objetivos individuais e de grupo.

c. Fique atento a ações que desperdiçam tempo, evite discussões e confusões que agravam o bom relacionamento, perceba o momento de exigir o que foi estabelecido e acordado, procure motivar o grupo, saiba persuadir por meio do convencimento e não tenha uma postura autoritária.

d. Liderança é um exercício que pode ser praticado por todos do grupo, pois é a condução dos esforços para uma única direção. Se algum integrante do grupo assumir a liderança, deve manter equilíbrio, não comandar na base da imposição, aconselhar, ser justo, ético, saber criticar e elogiar, cuidar para que as informações sejam compreendidas e iguais para todos os envolvidos do grupo.

e. Harmonize as ações, as divisões das tarefas e as coordenadas gerais para estabelecer relações entre as várias partes do desenvolvimento e a apresentação do trabalho acadêmico.

f. Mantenha controle sobre o planejamento, isto é, verifique e acompanhe, certificando-se se tudo está ocorrendo conforme o planejado. A parte de controle também é muito importante, já que tem como objetivo localizar fraquezas e erros no sentido de retificá-los e preveni-los em tempo hábil, antes da exposição de suas apresentações acadêmicas.

g. Prazos e cronogramas devem ser respeitados, procurando conciliar datas de entrega já estabelecidas por sua instituição, pela organização do evento em caso de congressos, por seu professor e aquelas combinadas com outros colegas de grupo.

h. Procure documentar tudo e manter todos do grupo informados. Faça uma espécie de registro dos encontros realizados descrevendo data, local, horário e decisões tomadas pelo grupo.

Figura 3.2 Planejamento de apresentação acadêmica

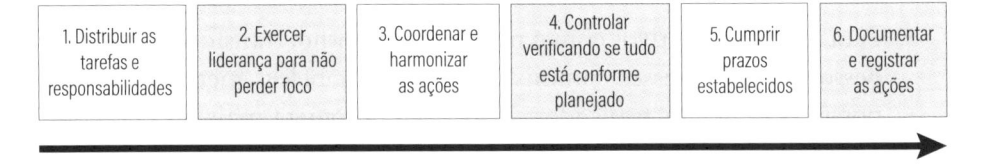

Administração do Tempo

Quantas pessoas que conhecemos não gostariam de gerenciar melhor seu tempo, fazer mais esportes, dançar, estudar, viajar, brincar com os filhos, namorar, dormir mais, visitar os amigos e realizar mais coisas? É comum as pessoas reclamarem de falta de tempo, que estão atrasadas e sempre com pressa.

Escolher ou utilizar a metodologia ideal que transforme teoria em prática, capaz de proporcionar mais lazer, dinheiro, saúde e felicidade, tem sido um desafio constante para se alcançar resultados desejados por meio da melhor administração de tempo.

Já ouvi muitas pessoas afirmarem: "Puxa, se eu tivesse mais tempo, conseguiria fazer mais coisas na minha vida!". Mas não se enganc, meu caro leitor, aumentar o tempo em mais de 24 horas por dia, para que você possa fazer mais coisas, significaria torná-lo uma pessoa mais estressada e incompetente com a gestão de seu tempo pessoal. Se você não administra bem suas 24 horas, não é aumentando o número de horas ao dia que vai fazer a diferença.

As atividades na vida acadêmica não se limitam apenas à sua presença física em sala de aula, mas também à sua participação em eventos acadêmicos, como apresentações em congressos e seminários, discussões com seu grupo de estudo, escrever e publicar artigos, fazer visitas e apresentar relatórios técnicos relacionando a teoria e a prática de empresas, pesquisar conteúdo bibliográfico, visitar bibliotecas, acessar material científico por meio da internet, enfim, você tem pressões relacionadas ao tempo de todos os lados e deve gerenciar e lidar com elas da melhor maneira possível.

Além disso, há outros papéis que desempenhamos em nossa vida, como o profissional, o familiar (pai, mãe, filho, irmão, cônjuge), o social (amigo, vizinho, membro da comunidade do bairro), dentre outros.

No mundo ocidental, o tempo está muito relacionado a dinheiro, produtividade, riqueza, consumo e lucro. Lembre-se daquela frase: "Tempo é dinheiro!".

Mas tempo é mais que dinheiro, tempo é a própria vida e desperdiçar tempo significa desperdiçar a vida. Dominar o tempo é dominar a vida, tirar mais e melhor proveito dela, podendo dar-lhe sentido e direção, obtendo todos os resultados desejados, assim como a autorrealização.

Quando o universitário começa seus estudos na faculdade, principalmente os que trabalham ou que têm outras atividades que exigem energia física e/ou mental, uma das grandes dificuldades é saber administrar o tempo para realizar as atividades acadêmicas solicitadas por seus professores e fazer as outras coisas da vida: tudo simultaneamente.

Características que o Tempo Apresenta

Saber gerenciar o tempo pode ser um bom antídoto contra o estresse, nos tornando mais produtivos e competitivos. Veja algumas características que o tempo apresenta:

a. **Pessoal**: cada um o utiliza de maneira individual e diferenciada, nunca é igual ao de outra pessoa.

b. **Limitado**: já que a vida é finita, tem fim.

c. **Perecível**: não pode ser estocado e se não for utilizado, perde-se.

d. **Inelástico**: cada hora tem 60 minutos e o dia tem 24 horas. Só conheci o slogan "Unibanco 30 horas", utilizado como publicidade para fazer relação com os serviços de autoatendimento de caixa eletrônico de 24 horas.

e. **Equitativo**: igual para todos os seres humanos.

f. **Irreversível**: não volta atrás.

g. **Irrecuperável**: uma vez que passa, não volta jamais.

h. **Intransferível**: só pode ser utilizado pelo próprio indivíduo, pois não há como transferir para outro.

i. **Velocidade constante**: move-se com o mesmo ritmo, mesmo que pareça diferente.

Concepções e Percepções do Tempo

A maneira como percebemos o tempo está relacionada ao momento, às circunstâncias, aos sonhos, às pressões, às responsabilidades e às metas. Veja algumas imagens que as pessoas têm sobre a natureza do tempo:

a. **O tempo como amo**: impondo uma ditadura, abdicação do poder sobre nós mesmos, adaptação a hábitos rígidos, fixação em horários predeterminados e base no relógio como único parâmetro.

b. **O tempo como mistério**: encarado como algo desconhecido, impossível de lidar e de calcular para determinadas tarefas, dificuldade de assumir compromissos de médio e longo prazo, criando com isso ansiedade e barreira no planejamento.

c. **O tempo como juiz**: que determina a realização de cada ato, assim como o seu valor.

d. **O tempo como inimigo**: pois leva ao estilo frenético, causando tensão, preocupação constante com o relógio; sentimento de vitória quando chegamos cedo a um compromisso e de derrota quando chegamos atrasados; valorização da eficiência, e não da eficácia; ênfase na rapidez, e não na qualidade.

e. **O tempo como escravo**: o que exige preocupação constante no controle e submissão do tempo, exigindo estruturas rígidas e disciplina constante que pode prejudicar a criatividade gerando comportamentos como: viver no futuro, não viver o "aqui e agora", culpar-se pelo não cumprimento do planejado.

Justificativas para Não se Rever o Uso do Tempo

As pessoas usam muitas justificativas para não administrar o uso do tempo, deixando as coisas acontecerem de qualquer jeito. Algumas delas:

a. **"Quando tiver uma folga, vou tratar disso"**: protelar.

b. **"Tenho coisas mais importantes"**: vai fazendo do jeito que for possível.

c. **"Isto não funciona comigo"**: como se fosse algo que apenas os outros deveriam fazer.

d. **"Não quero me transformar em um robô"**: já que exige disciplina.

e. **"Não há nada que eu possa fazer"**: não tem como vencer o tempo.

Na prática

Quando aprendemos a gerenciar, dominar e ter autodisciplina com o nosso tempo, passamos a dar mais valor aos poucos momentos. Passamos a não brigar com o tempo, e a quantidade dá lugar à qualidade. Há muitas jovens universitárias que se tornaram mães muito cedo. Para essas mães, fazer um curso na faculdade pode significar a realização de um sonho, conseguir uma promoção, sentir-se autorrealizada, mas vai resultar em menor atenção aos seus filhos, podendo conviver com eles apenas algumas horas aos finais de semana (lembrando que alguns universitários não têm folga no fim de semana).

E então fica a pergunta para essa mãe: "Será que vale a pena tudo isso? Vejo meu filho somente algumas poucas horas por semana!". Não é fácil, mas o que podemos sugerir é que essa mãe utilize bem o seu tempo, pois sacrifícios fazem parte da vida, pois tudo o que está sendo feito é para atingir um objetivo maior. Essa mãe saberá que os poucos momentos que vai ter com seu filho serão valorizados, que algumas vezes serão trocados por trabalhos acadêmicos em grupo, estudos e preparação de provas, entre outras atividades acadêmicas.

Por isso que os estudos também devem ser bem aproveitados, pois estão ocupando um tempo precioso de sua vida. Isso vale para qualquer outro exemplo que você desejar: pode ser aquele jantar com seu cônjuge, assistir àquela partida de futebol com seu filho ou com seus amigos, um passeio no shopping com seus familiares, uma volta na praia ou qualquer outra coisa prazerosa.

Ações Efetivas para Administração do Tempo

a. Programe o tempo de forma que possa assumir todo e qualquer compromisso. Prever acontecimentos ajuda a enfrentar adversidades, elimina improvisações.

b. Estabeleça uma ordem de prioridades, quais tarefas são mais importantes, determine os objetivos do dia, da semana, do mês, as metas do ano, da sua vida.

c. Compatibilize metas pessoais e profissionais com um menor desgaste e menos dispêndio de energia física e emocional.

d. Escolher algumas metas significa rejeitar outras. Não protele e nem tenha medo de tomar decisões.

e. Delegue sempre que puder. Não "segure" informação e nem se ache autossuficiente.

f. Fixe um prazo para as atividades mais importantes dentro da semana.

g. Arranje tempo para as atividades que requerem mais que alguns minutos.

h. Priorize ações em uma lista de tarefas: um plano escrito sempre ajuda mais.

i. Ao final de seu dia, faça uma revisão de sua lista de atividades e defina o que fará no outro dia, procurando sempre numerá-las.

j. Identifique os "ladrões" do seu tempo.

k. Desenvolva autodisciplina.

l. Evite problemas com falta de comunicação.

m. Cumpra horários de agendamento.

n. Sempre que possível utilize a tecnologia a seu favor para melhor gerenciamento do tempo.

Na prática

Fazendo uma comparação, sua apresentação acadêmica deve reunir as mesmas características de um plano de voo de uma aeronave que, antes de decolar, apresenta uma série de informações, como experiência em horas de voo do piloto, tripulação, destino, rota a ser utilizada, horário de partida, velocidade, altitude, distância a ser percorrida, data de chegada prevista, capacidade de combustível, enfim, variáveis que são importantes para realizar um voo mais seguro procurando prever possíveis falhas de funcionamento, mau tempo que dificulta a visibilidade, falta de combustível, entre outros problemas que possam ocasionar a interrupção do voo.

Faça seu planejamento assim como um piloto de avião: desenvolva o "plano de voo" de sua apresentação acadêmica, defina onde quer chegar.

Conhecer os conceitos básicos do planejamento e realizar uma análise de ambiente podem influenciar no planejamento geral da apresentação acadêmica, seja ela realizada individualmente ou em grupo.

O aluno de curso universitário deve aprofundar suas pesquisas de trabalhos acadêmicos, realizando a aplicação e abrangência conforme expectativas e realidades pessoais e fazendo os ajustes que julgar necessários. O planejamento possibilita que você acompanhe e analise o desenvolvimento de suas produções acadêmicas junto com o controle. Verifique se há progresso em suas ações e se o resultado está sendo satisfatório, permitindo fazer as correções que julgar importantes e pertinentes.

Planejar é a primeira coisa a se fazer quando desejamos pesquisar, desenvolver e realizar qualquer trabalho acadêmico, seja uma dissertação de mestrado, uma tese de doutorado, uma monografia, um TCC, uma resenha, um seminário, um artigo, ou um *paper*. O planejamento para suas apresentações acadêmicas é um norteador, um guia que vai lhe auxiliar a dar uma direção para alcançar seus objetivos.

 Dica legal: comece suas apresentações acadêmicas praticando os conceitos apresentados sobre planejamento. Tenha sempre determinação e objetivos bem definidos, administre seu tempo. Saiba para qual direção deseja seguir, procure se aperfeiçoar, não se acomode, sempre há algo a melhorar. Com prática, paciência e dedicação cada vez mais suas apresentações acadêmicas ficarão melhores.

Sarau Acadêmico

Curiosidade

Timoneiro é aquele que governa, guia, dirige o timão da embarcação. Timão é uma espécie de roda que se manobra o leme de algumas embarcações.

Perseverar é conservar-se firme e constante, continuar a ser ou ficar, perdurar, permanecer sem mudar ou sem variar de intenção ou plano.

Sugestões de leitura

CESCA, C. G. G. *Organização de eventos*: **manual para planejamento e execução.** 6. ed. São Paulo: Summus, 1997.

Trata-se de uma obra que aborda como organizar um evento conforme cada circunstância, detalhando custos, execução e detalhes operacionais. O Capítulo 2 trata da operacionalização do planejamento.

MANCINI, M. *Como administrar seu tempo*: **24 lições para se tornar proativo e aproveitar cada minuto no seu trabalho.** Rio de Janeiro: Sextante, 2007.

O livro apresenta dicas práticas e úteis para organização e utilização de seu tempo, como estabelecer prioridades, tornando-o mais produtivo, eficiente e menos estressado quando o assunto é administrar o tempo.

MARANHO, J. A. *Manual de organização de congressos e eventos similares.* Rio de Janeiro: Qualitymark, 2008.

Esse manual apresenta princípios para administração de congressos e eventos similares de forma prática, orientando passo a passo com diversos exemplos que podem ser adaptados conforme necessidades específicas. O autor disponibiliza, para quem adquirir o manual, 54 modelos de textos, gráficos e quadros sugeridos para utilização no dia a dia da concepção, administração, promoção e comercialização de congressos e eventos.

Espaço musical

Pesquise, escute e curta na internet os links a seguir:

a. **Aquarela** – Toquinho. Disponível em: <https://www.letras.mus.br/toquinho/49095/>. Acesso em: 21 mai. 2016.

b. **Deixa a Vida Me Levar** – Zeca Pagodinho. Disponível em: <http://letras.mus.br/zeca-pagodinho/49398/>. Acesso em: 21 mai. 2016.

c. **O Último Dia** – Paulinho Moska. Disponível em: <https://www.letras.mus.br/paulinho-moska/48073/>. Acesso em: 23 jul. 2016.

    d. O Trenzinho do Caipira – Heitor Villa-Lobos. Disponível em: <http://www.vagalume.com.br/heitor-villa-lobos/trenzinho-caipira.html>. Acesso em: 23 mai. 2016.

    e. Timoneiro – Paulinho da Viola. Disponível em: <http://letras.mus.br/paulinho-da-viola/162803/>. Acesso em: 21 mai. 2016.

Após escutar e curtir as músicas, faça uma analogia das letras com os princípios básicos do planejamento apresentados neste capítulo. Compartilhe a sua opinião e realize um debate conforme as sugestões do Quadro 3.3 com seus colegas de classe.

Quadro 3.3 Roteiro para analogia de músicas com planejamento

Música e autor	Questões para debate
Aquarela - Toquinho	1. Qual a importância de construir cenários no desenvolvimento de planejamento? 2. O que fazer em situações que exigem improviso?
Deixa a Vida me Levar - Zeca Pagodinho	3. O que ocorre se não há determinação de objetivos e metas? 4. Como a acomodação e a falta de motivação fazem a diferença na busca de objetivos? 5. No planejamento, como a perseverança pode contribuir?
O Último Dia - Paulinho Moska	6. Se você tivesse apenas um dia de vida, o que você faria? Quais as suas prioridades e os seus objetivos para um dia de vida?
O Trenzinho do Caipira - Heitor Villa-Lobos	7. Ao escutar esta música, feche os olhos, pense em seus planos e tenha uma visão futura de sua apresentação acadêmica, imagine os objetivos e sonhos a serem alcançados.
Timoneiro - Paulinho da Viola	8. Na condução de nossos destinos, temos que assumir uma posição passiva? Explique.

Sessão pipoca

Após assistir aos filmes sugeridos conforme Quadro 3.4, você pode debater e relacionar vários temas apresentados fazendo analogias com a importância do planejamento de uma apresentação de trabalho acadêmico.

Quadro 3.4 Roteiro para discussão de analogia de filmes com planejamento de uma apresentação de trabalho acadêmico

Filmes de referência	Temas relacionados	Questões para debate
O Resgate do Soldado Ryan. Diretor: Steven Spielberg. Ano: 1998. Gênero: drama. Sinopse: o capitão Miller (Tom Hanks) lidera um pelotão de elite em plena Segunda Guerra Mundial e recebe como missão resgatar com vida o soldado James Ryan, que perdera três irmãos em combate. Eles precisam procurar o soldado e garantir o seu retorno para casa mesmo que isso custe as suas próprias vidas.	• Busca de desafios • Comportamento • Conflito • Decisão • Ética • Trabalho em equipe • Estratégia • Liderança • Engajamento • Motivação • Planejamento • Objetivos em comum	1. Como objetivos do grupo se sobrepõem aos objetivos individuais? 2. Por que a motivação individual e as diferenças são importantes como forma de fortalecer o grupo? 3. Qual a importância da liderança para o grupo? 4. Quais habilidades são importantes para exercer liderança? 5. Como o desenvolvimento de estratégias e táticas é importante para o planejamento? 6. Por que a definição de missão é importante para o planejamento? 7. Quando e como recursos escassos podem ser utilizados no desenvolvimento do planejamento?
Coração Valente. Diretor: Mel Gibson. Ano: 1995. Gênero: drama. Sinopse: no século XIII, Willian Wallace (Mel Gibson) lidera seu povo em uma batalha com o objetivo de libertar a Escócia dos domínios da Inglaterra.		
A Fuga das Galinhas. Diretor: Peter Lord. Ano: 2000. Gênero: animação. Sinopse: a história dessa animação se passa em uma granja de uma pequena cidade do interior da Inglaterra. O sonho das galinhas é fugir do galinheiro e viver uma vida melhor. Para isso elas devem arquitetar um plano e trabalhar em equipe para alcançar objetivos em comum.		

continua...

continuação.

Filmes de referência	Temas relacionados	Questões para debate
Click. Diretor: Frank Coraci. Ano: 2006. Gênero: comédia. Sinopse: Michael Newman (Adam Sandler) é um arquiteto que mora com sua esposa, Donna Newman (Kate Beckinsale) e seus filhos Ben e Samantha. Ele trabalha muito e sempre chega exausto e cansado. Ele vai a uma loja e encontra um inventor chamado Morty (Christopher Walken), que lhe mostra um controle remoto que pode controlar sua vida. Assim ele descobre que pode avançar e voltar no tempo, modificando tudo à sua volta. No começo ele gosta, mas depois descobre que controlar o tempo exige certas responsabilidades.	• Felicidade • Comportamento de grupo • Administração do tempo • Papéis que temos na vida pessoal • Relacionamentos interpessoais • Escuta empática • Sentido de vida	8. Como o tempo influencia nossas vidas? 9. Administrar melhor o tempo significa conseguir viver com mais felicidade? 10. Qual a maior dificuldade de administrar o tempo para as pessoas? 11. Qual foi o maior erro do personagem de Adam Sandler relacionando atividade profissional, família e administração do tempo?

Capítulo 4

RECONHECENDO O PÚBLICO DA APRESENTAÇÃO

"Cada um de nós compõe a sua história
Cada ser em si
Carrega o dom de ser capaz
E ser feliz."

Tocando em Frente – Almir Sater

Objetivos de Aprendizagem

- ▶ Mostrar como desenvolver estratégias para criar empatia com seu público.
- ▶ Descrever a importância de se preocupar com características da plateia, como idade, sexo, raça, religião, nível cultural e intelectual, pessoas portadoras de necessidades especiais – como deficientes visuais, auditivos e com mobilidade reduzida –, público do tipo infantil, jovem e adulto.
- ▶ Apontar como lidar com situações inconvenientes e rejeição por parte de algumas pessoas.
- ▶ Ilustrar fatores que influenciam no humor da plateia.

Conhecendo seu Público

Falar em público é o momento de fazer a apresentação de seu trabalho acadêmico. Para isso é importante conhecer e pesquisar tudo a respeito do seu público. Você deve desenvolver sintonia com seu público, criar empatia, procurar cativá-lo e seduzi-lo.

Por se tratar de um trabalho acadêmico, seja ele apresentado em sala de aula, auditório ou congresso, você poderá encontrar em sua plateia no mínimo alunos e professores, por isso deve se preparar de forma adequada, utilizando a melhor linguagem de comunicação para transmitir sua mensagem para os participantes que vão estar presentes.

A mensagem de sua apresentação tem que ser desenvolvida de forma específica. Em sua plateia pode haver pessoas e grupos com características individuais diferentes, como idade, origem étnica, orientação sexual, crenças religiosas, ou nível cultural, intelectual e socioeconômico, sendo assim é imprescindível que os exemplos sejam adequados à realidade de seu público.

Evite apelidos pejorativos referentes a gênero, etnia, religião, política etc. Mesmo que tenha intimidade com algumas pessoas da plateia, demonstre uma postura séria em suas apresentações. Além da falta de respeito, certas palavras depreciativas, insultam e difamam as pessoas. Evite ao máximo esse tipo de linguagem. A sociedade contemporânea não aceita essas intolerâncias.

Pessoas na Plateia com Necessidades Especiais

Não se esqueça também que pode haver na plateia pessoas portadoras de necessidades especiais, como deficientes visuais, auditivos e com mobilidade reduzida.

Sempre que possível, procure adequar a comunicação para melhor compreensão. Por exemplo, no caso de uma pessoa com deficiência visual na plateia, o orador deve realizar a apresentação de forma mais pausada, procurando posicionar o deficiente em cada tópico que está sendo abordado no momento, já deficientes auditivos podem ter a necessidade de fazer o acompanhamento em material impresso, com o auxílio de intérpretes de língua de sinais ou, se o local da apresentação não for grande, a articulação da boca do orador pode ajudar muito para que o deficiente realize leitura labial. Pessoas com mobilidade reduzida não poderão ser submetidas a qualquer tipo de dinâmica de grupo. Seja prudente.

O fato de você já ter realizado alguma apresentação acadêmica com certo grau de sucesso não significa que poderá ter o mesmo resultado em outra. Nesse caso, é preciso uma certa cautela, pois as plateias podem variar em número de participantes e apresentar posturas e reações diferentes mesmo que o tema seja idêntico. Prepare-se sempre como se estivesse fazendo a sua primeira apresentação, já que cada uma é única.

Público Infantil, Jovem e Adulto

Não esqueça que sua plateia pode ser composta por público infantil, jovem ou adulto. Crianças geralmente não têm muita paciência, têm facilidade para se distrair e não conseguem prestar atenção em apenas um tipo de assunto. Então, para elas, deve se utilizar palavras mais concretas, objetivas, simples e com significado mais claro. Já os jovens têm características mais participativas e idealistas, não gostam de ser tratados como quem não tem conhecimento ou experiência, e gostam quando suas ideias são valorizadas. Já o público adulto tem experiência, vocabulário mais estruturado e teoricamente é mais preparado para ouvir e entender a mensagem de sua apresentação.

A idade proporciona a todas as pessoas de sua plateia a oportunidade de fortalecer a experiência e desenvolver o aprendizado, mas isso não significa que todos podem conseguir aproveitá-la como você deseja. Vale lembrar que não será nenhuma surpresa se, em algumas vezes, alguns adultos manifestarem comportamentos um tanto quanto infantis atrapalhando sua apresentação. Esteja preparado, procure ser paciente.

> **Um caso**
>
> Certa vez fui convidado para realizar uma palestra sobre o tema motivação para um público jovem – adolescentes entre 15 e 18 anos. Minha preocupação foi em adaptar um conteúdo que gosto de apresentar, mas que sempre teve público diferente, em sua maioria adulto. Aceitei o convite como um desafio, modifiquei a forma de apresentação, utilizando uma comunicação mais descontraída e divertida, com uma linguagem mais próxima daquele público. Foi um sucesso, pois consegui apresentar o conteúdo da mensagem que desejava. Passados alguns anos, para minha surpresa, alguns desses adolescentes tornaram-se meus alunos. Os alunos ainda lembravam exatamente o que havia sido mais marcante para eles naquela apresentação e como eu havia contribuído de alguma forma em suas vidas.

Situações Inconvenientes ou Rejeição

Durante a realização de sua apresentação, observe o estado de espírito de seu público, pois algumas intenções são demonstradas por meio da linguagem corporal, que comentarei mais adiante. Fique atento para identificar comportamentos do tipo imaturo, inconveniente, ingênuo, desinteressado e despreparado e não se irrite facilmente colocando tudo a perder por causa de algumas pessoas da plateia.

Jamais chame atenção ou insulte alguém, isso pode ser um "tiro no pé" porque além de causar um desconforto pode acabar criando antipatia entre você e sua plateia. Se acontecer alguma situação que esteja lhe atrapalhando ou incomodando, mantenha o equilíbrio e peça de forma calma e educada a colaboração da sua plateia, evitando que sua fala seja dirigida diretamente para uma pessoa.

O fato de uma pessoa sair do local da apresentação não significa que ela esteja desinteressada ou discorda do que está sendo apresentando, às vezes a pessoa precisa dar um telefonema, tomar uma água ou ir apenas ao toalete. Mas fique atento: várias pessoas fazendo isso pode significar um sinal para você dinamizar a apresentação e reconquistar seu público.

As pessoas podem ter objetivos e razões diferentes para estarem presentes em sua apresentação. Alguns podem estar presentes apenas acompanhando um amigo, outros por obrigação de compromisso acadêmico, podendo apresentar alguma atitude de indiferença que não esteja relacionada com o palestrante ou o tema apresentado.

Esteja preparado para o inusitado, inclusive para um público mais crítico que possa rejeitar ou aceitar melhor qualquer mensagem de sua apresentação. O apresentador tem que ter como parâmetro a maioria que está presente, e não se limitar às pequenas atitudes negativas, que podem ser apenas ocasionais. No entanto, pode ser uma nova oportunidade para contagiar aqueles que não tinham como objetivo principal dar-lhe atenção, pois o fato de estarem ali já demonstra um certo interesse. Procure reverter a situação a seu favor.

Sua sensibilidade para perceber mudanças de comportamento na plateia é muito importante: considere que poderá ter a necessidade de adaptações em sua apresentação de acordo com a cultura e região local.

Um público com pouca preparação intelectual pode não compreender mensagens com facilidade, por isso que sua apresentação deve respeitar expectativas, curiosidades, limitações técnicas e sociais. Não subestime nem superestime seu público.

Elogiar o público como forma de reconhecimento de algum tipo de esforço é uma estratégia para criar empatia. Imagine que sua apresentação está sendo realizada em um dia de sábado ensolarado, em que as pessoas poderiam estar se divertindo, ou em uma noite fria e chuvosa, em que enfrentaram trânsito, dificuldade de locomoção, vieram de outra cidade, estado ou país, fizeram sacrifícios para estarem ali presentes. Mas lembre-se, o elogio deve ser verdadeiro, e não forçado apenas para ganhar empatia com seu público. Faça isso de forma sincera e convincente.

Faça um estudo detalhado do grau de interesse que poderá ter sua plateia pelo assunto a ser apresentado, procure saber se as pessoas que compõem sua plateia já conhecem o assunto e se serão receptivas, hostis ou apáticas, se haverá estrangeiros presentes, necessitando adaptar parte da apresentação a outros idiomas.

Fatores que Influenciam o Humor da Plateia

Considere alguns fatores que podem interferir no humor de sua plateia no dia da sua apresentação acadêmica:

a. Iniciar a apresentação com muito atraso.

b. Realizar a apresentação em uma sexta-feira para alunos de curso universitário noturno. Depois de um determinado tempo de duração, você poderá identificar sinais de cansaço, consequentemente alguns cochilos na plateia, que são normais e naturais, mas que podem e devem ser revertidos com dinâmicas de grupo.

c. Em dia de chuva, dependendo do local da apresentação, os participantes podem incorrer em pequenos atrasos. Com isso, pode haver um grande ingresso a todo momento de pessoas atrasadas no evento.

d. Acústica ruim, cadeiras desconfortáveis.

e. Temperatura, como calor ou frio excessivo, causando desconforto.

Portanto, conhecer o público e preparar a mensagem de forma que ele consiga entender, vai-lhe proporcionar uma apresentação com maior sucesso envolvendo e encantando a todos.

 Dica legal: você deve desenvolver sua confiança interior. Essa é uma das formas mais seguras de conquistar e ganhar o respeito do seu público. Pense em transformar seu público em aliado, e não em inimigo. Crie empatia.

Sarau Acadêmico

Espaço musical

Pesquise, escute e curta na internet os links a seguir:

a. **Chiclete com Banana** – Jackson do Pandeiro. Disponível em: <http://www.vagalume.com.br/jackson-do-pandeiro/chiclete-com-banana.html>. Acesso em: 21 mai. 2016.

b. **Cidadão** – Zé Geraldo. Disponível em: <http://letras.mus.br/ze-geraldo/68686/>. Acesso em: 19 mai. 2016.

c. **Olhos Coloridos** – Sandra de Sá. Disponível em: <http://www.youtube.com/watch?v=OQ3yhCVZqec>. Acesso em: 19 mai. 2016.

Após escutar e curtir, faça uma analogia das letras das músicas com questões sociais e culturais apresentadas neste capítulo. Compartilhe a sua opinião e realize um debate conforme as sugestões do Quadro 4.1 com seus colegas de classe.

Quadro 4.1 Roteiro para analogia de músicas com questões sociais e culturais

Música e autor	Questões para debate
Chiclete com Banana - Jackson do Pandeiro	1. O que podemos aprender com outras culturas?
Cidadão - Zé Geraldo	2. Há preconceito relacionado à forma com que a pessoa se veste e com sua cultura regional? Justifique. 3. Você acha importante que questões sociais devam ser consideradas quando você assiste ou realiza uma apresentação acadêmica? Por quê?
Olhos Coloridos - Sandra de Sá	4. Como você lida com questões relacionadas ao preconceito racial? 5. Já enfrentou ou presenciou algum tipo de preconceito? Qual foi o desfecho?

Sessão pipoca

Após assistir aos filmes sugeridos conforme o Quadro 4.2, você pode debater e relacionar vários temas fazendo analogias com questões sociais e culturais.

Quadro 4.2 Roteiro para discussão de analogia de filmes com questões sociais e culturais

Filmes de referência	Temas relacionados	Questões para debate
Crash: No limite. Diretor: Paul Higgs. Ano: 2005. Gênero: drama. Sinopse: Jean Cabot (Sandra Bullock) é a rica e mimada esposa de um promotor, em uma cidade ao Sul da Califórnia. Ela tem seu carro de luxo roubado por dois assaltantes negros. O roubo resulta num acidente que acaba por aproximar habitantes de diversas origens étnicas e classes sociais de Los Angeles: um veterano policial racista, um detetive negro e seu irmão traficante de drogas, um bem-sucedido diretor de cinema e sua esposa e um imigrante iraniano e sua filha. *Crash* é um filme que demonstra o retrato de uma sociedade marcada pelo preconceito. Uma realidade complexa é demonstrada: negros, brancos, muçulmanos, latinos, pobres e ricos, todos juntos.	• Racismo • Intolerância • Passividade • Origens étnicas • Classes sociais • Culturas • Empatia • Religião	1. Quando está realizando uma apresentação acadêmica, quais os tipos de preconceitos que você pode enfrentar? 2. Como lidar com questões sociais complexas conforme os temas sugeridos em suas apresentações acadêmicas?

Buena Vista Social Club. Diretor: Win Wenders. Ano: 1999. Gênero: documentário. Sinopse: é um documentário fascinante de uma história real. O compositor e músico Ry Cooder foi a Cuba e aproveitou para procurar um músico que gravara uma fita cassete há bastante tempo. Mas sua visita levou-o a descobrir verdadeiras lendas da música cubana, a grande maioria totalmente esquecida e afastada de exercer seus reais talentos.

- Humanismo
- Identificação de potencial
- Motivação
- Experiência pessoal
- Valorização de talentos
- Sentido da vida

3. Como é possível tantos anos terem transcorrido e talentos tão ricos permanecem apagados? Você acha que isso acontece nas organizações? Há pessoas com talento que não são reconhecidas ou que não têm oportunidade de desenvolvê-los?

4. Qual a grande lição do filme na sua opinião?

Capítulo 5

ORGANIZAÇÃO DO ESPAÇO DA APRESENTAÇÃO

"Era uma casa muito engraçada
Não tinha teto, não tinha nada
Ninguém podia dormir nela, não
Por que na casa não tinha chão."

A Casa – Vinicius de Moraes

Objetivos de Aprendizagem

- ▶ Explicar como analisar, reconhecer e organizar o espaço físico onde será realizada a apresentação acadêmica.
- ▶ Apresentar os formatos de apresentações.
- ▶ Mostrar como som, ruídos, iluminação, acústica e outros fatores podem influenciar na motivação da plateia.

Análise, Reconhecimento e Organização

A análise, o reconhecimento e a organização do espaço físico onde será realizada sua apresentação acadêmica significa a preocupação com fatores que podem também influenciar e contribuir no resultado final de sua apresentação.

Existem muitas formas de organizar uma sala de aula, um auditório ou um espaço para sua apresentação. Quando a apresentação é realizada em auditório, o público na maioria das vezes costuma ser maior, então as cadeiras podem estar fixadas ou não. Já quando a apresentação é realizada em sala de aula, as cadeiras podem ser móveis, permitindo a mudança para satisfazer as necessidades do apresentador. Há ainda apresentações que são realizadas em locais abertos.

Se for possível, conheça antes o local de sua apresentação para checar os seguintes aspectos:

a. Verifique se a apresentação será realizada em auditório ou sala de aula.

b. Observe se o local vai abrigar o número de participantes esperados.

c. Veja se o ambiente é aberto ou fechado.

d. Certifique-se que a acústica do ambiente é adequada para sua fala.

e. Se for usar microfone sem fio, confira se a distância da base do aparelho é adequada e se o som é de boa qualidade. Procure testar antes se tiver oportunidade.

f. Note se a iluminação é satisfatória para seu tipo de apresentação.

g. Teste a parte elétrica, como fios, cabos de extensão, se a energia elétrica é 110 ou 220v, se existem vários tipos de tomadas e se há adaptadores suficientes conforme os equipamentos que deseja utilizar.

h. Defina qual a melhor posição para você falar; se vai utilizar palco, tribuna ou vai ficar no mesmo nível que sua plateia.

i. Constate se existem objetos que possam competir com sua apresentação distraindo o público. Se isso acontecer, providencie a remoção.

j. Ateste se a ventilação e o sistema de refrigeração funcionam de forma adequada, permitindo melhor conforto para sua plateia. A temperatura ambiente pode influenciar no humor do público, seja frio ou calor.

k. Acomodações como assentos apertados e ruídos podem irritar facilmente as pessoas, fazendo com que sua plateia perca o interesse e desvie a atenção do assunto exposto. As acomodações do ambiente vão depender dos objetivos que pretende atingir e dos recursos disponíveis.

l. Conheça a disposição da tribuna e das cadeiras, os tipos de recursos audiovisuais, a multimídia e os eletrônicos que serão utilizados.

A maior vantagem de um local menor é permitir mais contato e interação com a plateia.

Formatos de Apresentações

O ideal é que seu público tenha total visibilidade dos recursos visuais utilizados. Veja alguns exemplos de formatos de organizações mais comuns em apresentações:

a. Formatação em U: é um modelo indicado para pequenas plateias, motiva a participação e entrosamento entre os participantes, já que todos conseguem ver o apresentador. O recurso visual fica sempre posicionado à frente de todos os participantes.

Figura 5.1 Exemplo de formatação em U

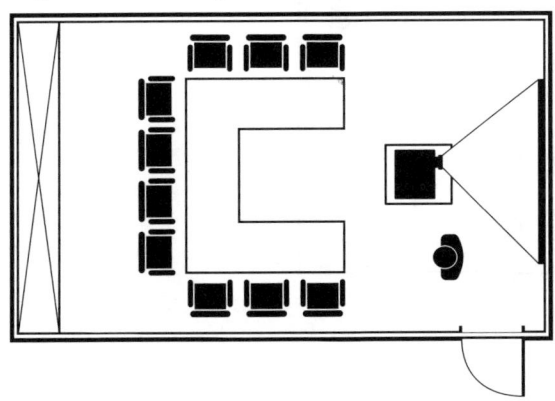

b. Escama de peixe: parecido com a estrutura de um auditório intercalando fileiras, que não precisam ter exatamente o mesmo número de carteiras.

Figura 5.2 Exemplo de estrutura escama de peixe

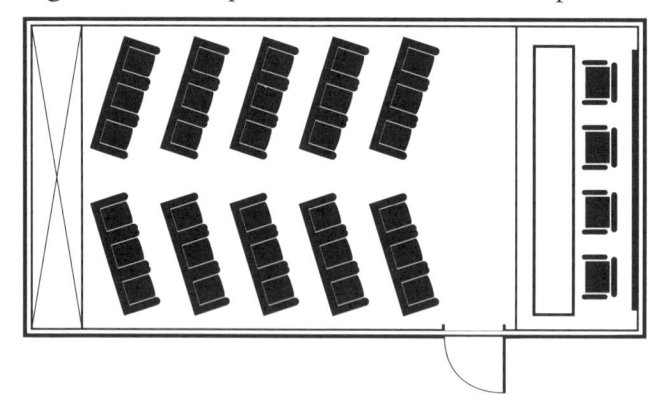

c. Modelo sala de aula: é a forma mais tradicional, em que as carteiras ficam enfileiradas uma ao lado da outra. Para o apresentador fica mais difícil andar entre os presentes.

Figura 5.3 Exemplo de modelo sala de aula

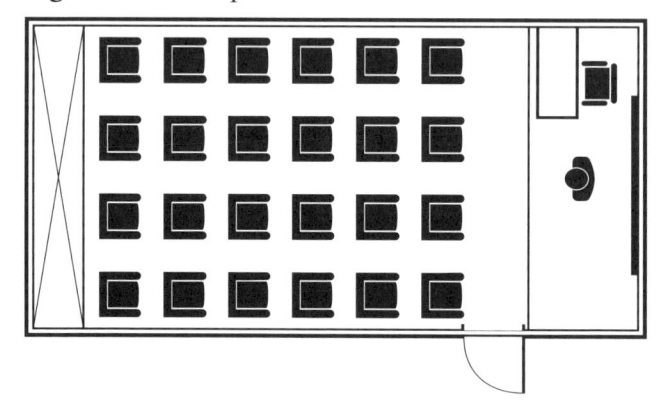

d. **Formação em círculo**: permite melhor interação entre a plateia e o apresentador. Esse tipo de formação é interessante quando se deseja maior participação da plateia.

Figura 5.4 Exemplo de formação em círculo

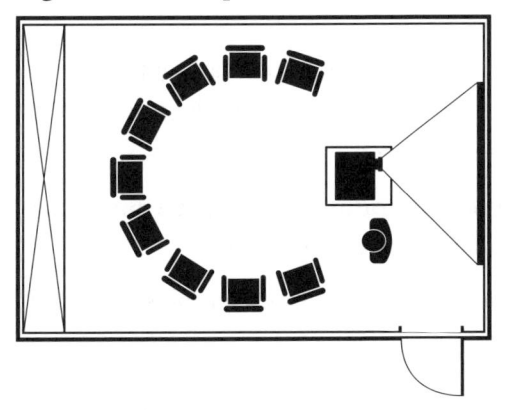

Procure chegar em sua apresentação sempre com antecedência para verificar se está tudo em ordem, evitando atrasos, imprevistos ou obstáculos que possam surgir. Como se costuma dizer: é melhor pecar pelo excesso de zelo e não pela falta dele.

 Dica legal: providencie o que é de competência sua e certifique-se que tudo foi devidamente pensado. Lembre-se, excelentes espaços que proporcionam conforto com bons recursos tecnológicos e acústica podem contribuir muito, mas não substituem sua apresentação e seu talento pessoal. Mesmo que o público passe por algum pequeno desconforto, é possível reverter uma situação a seu favor quando a apresentação é bem realizada.

Sarau Acadêmico

Sugestões de leitura

BRADBURY, A. *Técnicas eficazes para apresentações de sucesso.* São Paulo: Clio, 2007.

O Capítulo 12 do livro apresenta modelos práticos para a organização de sala, projetores, plateia, indicando qual a melhor posição do apresentador considerando a quantidade de participantes.

BRUZZI, D. *Apresentações estratégias:* **métodos e técnicas de ensino sobre treinamento e capacitações**. São Paulo: Avercamp, 2008.

A obra apresenta no Capítulo 5 modelos de checklist e exemplos de formulários para avaliação de suas apresentações.

Espaço musical

Pesquise, escute e curta na internet os links a seguir:

a. **A Casa** – Vinicius de Moraes. Disponível em: <http://letras.mus.br/vinicius-de-moraes/49255/>. Acesso em: 04 nov. 2016.

b. **Casa no Campo** – Zé Rodrix. Disponível em: <https://www.letras.mus.br/ze-rodrix/976781/>. Acesso em: 13 nov. 2016.

Após escutar e curtir as músicas, faça uma analogia das letras com o capítulo apresentado. Compartilhe a sua opinião e realize um debate com seus colegas de classe.

Sessão pipoca

Após assistir ao filme sugerido conforme o Quadro 5.1, você pode debater e relacionar vários temas fazendo analogias com a organização do espaço de apresentação.

Quadro 5.1 Roteiro para discussão de analogia de filme com a organização do espaço de apresentação

Filme de referência	Temas relacionados	Questões para debate
O Último Samurai. Diretor: Edward Zwick. Ano: 2003. Gênero: aventura/épico/guerra/drama. Sinopse: o filme narra a história do Capitão Nathan Algren (Tom Cruise), um veterano da Guerra Civil Americana. Após o fim do conflito, Algren é convidado por seu ex-comandante para participar com ele do treinamento do recém-criado Exército Imperial Japonês.	• Planejamento estratégico • Treinamento • Valores • Ética • Cultura • Reaprendizagem • Respeito • Sentido da vida • Poder • Objetivos • Liderança • Motivação • Diferenças individuais e sociais • Equipe • Conflito • Comportamento	1. Como o pensamento estratégico pode ajudá-lo no alcance de resultados para apresentação de seu trabalho acadêmico? 2. Qual a vantagem de conhecer antecipadamente os recursos que estão disponíveis para sua apresentação? 3. É importante ter um "plano B" caso algo ocorra de errado no dia de sua apresentação?

Capítulo 6

DOMINE O ASSUNTO QUE VAI APRESENTAR

"Eu tô te explicando
Pra te confundir
Eu tô te confundindo
Pra te esclarecer
Tô iluminado
Pra poder cegar
Tô ficando cego
Pra poder guiar."

Tô – Tom Zé

Objetivos de Aprendizagem

- ► Mostrar a importância de dominar o assunto e o conteúdo que serão apresentados.
- ► Explicar que o domínio e o conhecimento sobre o assunto com maior profundidade dá mais credibilidade.
- ► Demonstrar que a plateia reconhece quando alguém tem domínio sobre o assunto que expõe, ficando mais disposta a ouvir.

Domínio sobre o Assunto

Posso afirmar sem hesitação que todos os tópicos apresentados neste manual são importantes, como dicas, sugestões e técnicas, para melhorar e preparar suas apresentações acadêmicas, mas não vão ajudar muito se você não fizer o mais importante: que é dominar o assunto que vai expor.

Seu público pode tolerar e aceitar mais facilmente erros que você possa cometer durante a apresentação quando nota que você domina o conteúdo do assunto que está falando. Em muitas situações acaba passando desapercebido. Faça o máximo que for possível, pois estar preparado vai lhe dar mais segurança. Demonstrar domínio e conhecimento sobre o assunto com maior profundidade na hora de falar dá mais credibilidade. Quando se domina o assunto, tanto o nervosismo quanto o medo acabam cedendo lugar para o brilho de sua apresentação. Quando a plateia reconhece que você tem domínio sobre o assunto, fica mais disposta a lhe ouvir.

Na prática

Conheça o máximo possível sobre o tema que vai apresentar. Por exemplo, imagine que tenha que desenvolver a apresentação de um trabalho sobre o tema transporte coletivo. Inicie sua pesquisa o quanto antes. Não deixe para a última hora. Crie uma pasta no seu computador e vá salvando tudo relacionado ao tema de sua pesquisa: referências bibliográficas, pesquisas, artigos acadêmicos, notícias de revista, jornais etc. Junte o material, destaque o que for mais importante, identifique todos os tipos de transporte público em sua cidade, em seu estado, em seu país, no mundo, os custos, os desafios, como funciona o processo de transporte, qual tem mais relação com sustentabilidade. Utilize todos os meios possíveis, converse com autoridades do assunto, como o secretário de transporte coletivo municipal ou estadual e pesquise tabelas e dados de órgãos confiáveis e com credibilidade no assunto. Converse com usuários de transportes coletivos e com profissionais, como motoristas, cobradores, mecânicos.

Jamais peça desculpas declarando que não teve tempo suficiente para se preparar, pois com essa atitude você está apenas reforçando a imagem de incompetente. Lógico que estamos sujeitos a ter problemas, mas sua plateia não está lá para ficar ouvindo desculpas.

Na prática: contando um caso de um grupo de três alunas

Lembro de um caso muito interessante em que fui professor orientador de um trabalho acadêmico de um grupo de três alunas. Durante todo o semestre as orientandas estavam com o tema definido, já tinham realizado pesquisa bibliográfica extensiva, planejaram como fariam a apresentação. Eu apenas fui acompanhando e realizando as orientações e sugestões pertinentes: insiram isso, tirem aquilo etc. Para a apresentação do trabalho acadêmico, prepararam poucos slides, com dados, tabelas e gráficos de informações mais impactantes e os tópicos principais. Mas um dia antes da apresentação o projetor multimídia teve problemas que inviabilizariam sua utilização. Imediatamente comuniquei as alunas, que, a partir disso, se sentiram inseguras, alegando que não conseguiriam realizar a apresentação do trabalho acadêmico pela falta do equipamento. Não aceitei isso como justificativa, afinal, todas empregaram tempo e se prepararam muito para realizar a apresentação acadêmica. Disse a elas que não dependiam de nenhum recurso tecnológico e que deveriam colocar o "plano B" em ação. As alunas providenciaram a impressão dos slides e entregaram para os alunos e professores presentes acompanharem por meio de um pequeno resumo com os tópicos principais. Realizaram a apresentação, utilizaram o tempo de forma cronometrada, interagiram, explicaram e motivaram a plateia. Sabe qual foi o resultado perante a classe? Foram ovacionadas com elogios da banca e dos demais participantes, além de receberem uma ótima nota pelo trabalho acadêmico.

Ao contrário do que muita gente imagina, grande parte do sucesso de uma apresentação está no domínio sobre o assunto, e não no "show pirotécnico".

Fatores a serem Considerados Quanto ao Domínio do Assunto

Considere os fatores a seguir quando se trata de dominar um tema ou assunto a ser apresentado:

a. Demonstre conhecimento do assunto, transmita informações confiáveis e domine o tema. Os ouvintes vão confiar mais em sua mensagem e reconhecer sua competência.

b. Tenha sempre uma quantidade de informações que possam ser dimensionadas ao tempo de apresentação.

c. Prepare-se diariamente, semanalmente, mensalmente, não importa quantas vezes você tenha que fazer a mesma apresentação. Prepare-se a vida toda.

d. Escolha bem as palavras que devem fazer parte de sua apresentação. A persuasão e o convencimento de seu público devem acontecer pela sua forma de argumentação.

e. Relacione tudo o que precisar para seus argumentos.

f. Utilize exemplos simples que se relacionam com a mensagem de sua apresentação.

g. As informações devem ser autênticas. Não invente ou dê informações que não são verdadeiras e que gerem dúvidas. Lembre-se que alguém em sua plateia pode dominar o assunto exposto.

h. Demonstre as fontes pesquisadas das informações expostas sempre que possível.

i. Mais informações permitem condições para que o público possa fazer as comparações que julgar importantes, participando mais de sua apresentação.

Vestir um terno de grife, confeccionar ótimos slides, utilizar bem os recursos visuais, ter uma boa postura ajudam, complementam, fazem parte do contexto geral, mas não podem salvar sua apresentação se você não se preparar adequadamente dominando o assunto a ser exposto.

Costumo ter casos muito parecidos com o que contei das três alunas, por isso insisto que você domine o assunto. A tecnologia auxilia, ajuda, enaltece, mas não substitui seu talento pessoal.

Dica legal: torne-se autoridade no assunto pesquisado e que será apresentado. Se prepare muito, treine bastante: o resultado obtido sempre vale a pena.

Sarau Acadêmico

Espaço musical

Pesquise, escute e curta na internet o link a seguir:

a. **Tô** – Tom Zé. Disponível em: <https://www.vagalume.com.br/tom-ze/to.html>. Acesso em: 14 nov. 2016.

Após escutar e curtir a música, faça uma analogia da letra com o capítulo apresentado. Compartilhe a sua opinião e realize um debate com seus colegas de classe.

Sessão pipoca

Após assistir aos filmes sugeridos conforme o Quadro 6.1, você pode debater e relacionar vários temas fazendo analogias com o domínio do assunto de uma apresentação.

Quadro 6.1 Roteiro para discussão de analogia de filmes com domínio de assuntos de apresentações

Filmes de referência	Temas relacionados	Questões para debate
O Grande Desafio. Diretor: Denzel Washington. Ano: 2007. Gênero: drama. Sinopse: o filme foi baseado em fatos reais e conta a história do brilhante professor Malvin Tolson (Denzel Washington) que, por meio de seus métodos pouco convencionais, motiva um grupo de alunos a participarem de um campeonato de debates na Universidade de Harvard. O filme apresenta questões sociais como racismo. A minha sugestão é que assista ao filme todo destacando as partes que achar mais importantes para os pontos de discussão dos temas.	• Motivação • Perseverança • Determinação • Desafio • Diferenças sociais • Liderança • Preconceito • Superação de limites • Obstáculos	1. Como preconceitos e diferenças sociais podem impactar o público e o apresentador? 2. Qual a importância da preparação para debates? 3. Você concorda que dominar o assunto que será exposto permite um resultado satisfatório para a oratória? Justifique. 4. Quais estratégias devem ser utilizadas para enfrentar plateias hostis? 5. Como se deve responder a perguntas sem deixar dúvidas? 6. De que forma é possível conseguir poder através das palavras? 7. Mesmo tendo um líder que motiva a participação no grupo na busca de resultados, a motivação pessoal é importante?

Homens de Honra. Diretor: George Tillman Jr. Ano: 2001. Gênero: drama. Sinopse: o filme narra a história de um garoto, Carl Brashear (Cuba Gooding Jr.), que sonhava entrar para a Marinha com o objetivo de se tornar um mergulhador de elite da divisão de buscas e resgates. Mas para isso teve que enfrentar muito preconceito e descrédito por parte de muita gente, inclusive de seu instrutor de treinamento (Robert De Niro).

- Motivação
- Perseverança
- Determinação
- Desafio
- Diferenças sociais
- Liderança
- Preconceito
- Superação de limites
- Obstáculos

Quero destacar, como sugestão de debate, a cena a partir de 1h41min até o final, mas fique à vontade para assistir ao filme inteiro.

8. Como lidamos diante de dificuldades e desenvolvemos a força interior para alcançar nossos sonhos?

9. Qual a importância da liderança como fator motivacional?

10. O mergulhador Carl não esqueceu as últimas palavras motivadoras de seu pai: "Nunca desista... seja o melhor!".

Capítulo 7

VOZ: A LINGUAGEM VERBAL

"Até quem sabe a voz do dono
Gostava do dono da voz."

A Voz do Dono e o Dono da Voz – Chico Buarque

Objetivos de Aprendizagem

► Ressaltar a utilização da voz como um instrumento de comunicação.

► Explicar elementos, como volume, ritmo, dicção e entonação, que transmitem emoções e informações.

► Apontar cuidados com saúde vocal, respiração e postura corporal.

► Mostrar exemplos de vícios de linguagem e termos vulgares.

► Listar a prática de exercícios e a utilização de vocabulário adequado ao público.

Voz: A Linguagem Verbal

A voz é um instrumento de comunicação poderoso que pode servir para vários objetivos, como cantar, falar, realizar uma encenação, fazer um discurso político, fazer a locução em rádio ou TV, conversar com a família e os amigos, dar uma aula, fazer uma reunião, apresentar uma palestra ou eventos acadêmicos, que é objetivo do livro.

Em apresentação oral, a voz passa a ter muita importância, principalmente em elementos como volume, ritmo, dicção e entonação, que transmitem emoções e informações. Vejamos algumas explicações.

Volume e Intensidade

O volume e a intensidade empregados na voz devem ser compatíveis com o ambiente, com o tamanho e com a acústica onde você vai realizar a sua apresentação, seja em auditório, sala de aula ou local aberto. Falar alto demais pode ser considerado uma postura ameaçadora, autoritária e pode afastá-lo de sua plateia. O volume de voz baixo pode dificultar a compreensão do que está sendo falado, resultando em cansaço e desinteresse da plateia pelo assunto apresentado. Você deve falar em um tom de voz que seja razoável e consiga garantir conforto audível para sua plateia.

Ritmo

Já o ritmo seria a velocidade, portanto procure não falar muito rápido nem lento demais. Você deve adequar o ritmo ao momento e à sua plateia. Ao transmitir informações que julgar mais importantes, você pode criar variações com o ritmo da voz: fale mais pausadamente, depois retome ao ritmo inicial empregado. Variar o ritmo ajuda a evitar que sua plateia fique com sono. Evite situações em que a plateia possa fazer comparações como se você fosse um locutor de rádio narrando um jogo de futebol.

Dicção

A boa dicção, também chamada de articulação, é importante para pronunciar de forma clara e correta as sílabas e palavras. Entonação é a melodia da voz. É com a entonação que você vai transmitir alegria, motivação e emoção. Por meio da entonação você pode tornar sua apresentação bem mais empolgante e enérgica.

Articulação

Escolha e articule bem as palavras não pelo fato de serem difíceis ou fáceis, mas sim pelo objetivo de ser compreendido. Se o assunto a ser falado exige termos técnicos, procure treinar bens as palavras evitando ser surpreendido por um trava-língua.

Pequenas pausas podem ser utilizadas para permitir que a plateia absorva melhor algo que acabou de ser dito, crie algum tipo de expectativa para o ouvinte, permita que o apresentador respire corretamente ou até mesmo pense em algo que falará em seguida. Por isso que ensaios prévios no local permitem a correção desses detalhes.

Para deficientes auditivos que fazem leitura labial, uma boa articulação permite melhor entendimento de suas palavras e do conteúdo da mensagem da apresentação.

Sotaques

O povo brasileiro é muito diversificado em termos de cultura, dialetos e sotaques regionais. A sugestão é que você evite carregar na sua fala seu sotaque regional por questões de entendimento e compreensão de certas palavras. O público pode mostrar uma certa irritação e formar uma opinião negativa relacionada à sua imagem só porque não entendeu determinada parte de sua oratória.

É compreensível que pessoas de outros países, que se esforçam em falar a nossa língua, acabem carregando no sotaque e apresentem algum tipo de dificuldade com a língua, o que acaba sendo tolerado pelo público na maioria das vezes. O mais importante é ser compreendido por todos.

Evite criar estereótipos e preconceitos raciais ou étnicos por conta de sotaques de sua plateia ou de outros apresentadores, fazendo associações com relação ao status socioeconômico, à intelectualidade e competência, muitas vezes injustos.

Há opiniões diferentes, ou seja, existem pessoas que gostam de sotaques, outras não gostam tanto assim. O importante é não exagerar na dose.

Curiosidade

O Brasil é um país fascinante, pois apresenta palavras diferentes para um mesmo significado. Mandioca é o nome pelo qual é conhecida a espécie comestível e mais largamente difundida do gênero *Manihot*, composto por diversas variedades de raízes tuberosas comestíveis. O país é também um dos maiores produtores mundiais de mandioca. No Nordeste, ela é conhecida como macaxeira; no Sul, como aipim. Há ainda outros nomes, como maniva, pão-de-pobre, macamba, uaipi e pau-de-farinha.

Termos Vulgares

Evite uso e abuso de termos pobres e vulgares, palavrões, gírias e vícios de linguagem, como "né", "taí", "tá legal", "entende" e tantos outros, além de erros de concordância. Deve-se evitar o uso em excesso de palavras possessivas ou diminutivas, como "meu trabalho", "minha apresentação", "nosso projeto". Evite também o "gerundismo", presente em expressões como "vou estar apresentando" e "vou estar fazendo".

O vocabulário deve ser adequado, apropriado e específico conforme seu público. A leitura constante de livros de bons autores aumenta o aprendizado de novas palavras e melhora a gramática e o repertório. Frases e conjugações de verbos precisam estar corretas.

Cuidados com a Voz

Várias coisas também podem interferir na saúde vocal. Procure cuidar bem da voz; evite forçá-la de forma desnecessária, como gritar muito; fuja do uso excessivo de bebidas alcoólicas; evite o cigarro, o frio, a poluição, o ar-condicionado e mudanças bruscas de temperatura. A má alimentação e os maus hábitos vocais, como pigarrear e tossir com força, também são fatores que influenciam na qualidade de sua voz.

Até uma roupa utilizada de forma inadequada, que possa causar algum tipo de desconforto térmico, como frio ou calor, pode desconcentrar a pessoa e prejudicar a emissão da voz. Por isso vista roupa adequada ao ambiente de sua apresentação, pois ela pode comprimir a musculatura respiratória e, assim, gerar mais perda de fôlego e cansaço, fazendo a pessoa gastar mais energia que o necessário para respirar.

Cuidado com a utilização de sprays, balas, pastilhas de hortelã ou menta como a solução para problemas vocais. Além de os seus efeitos curativos serem contestáveis, podem causar algum tipo de lesão à produção vocal de qualidade. Há estudos que demonstram que algumas pastilhas (como aquelas de gengibre e hortelã) e medicamentos do tipo spray produzem ação analgésica e anestésica sobre as mucosas da boca e da faringe. Com isso acabam disfarçando casuais irritações no aparelho fonador, fazendo a pessoa supor que sua voz está totalmente restabelecida e, então, levando a um uso exaustivo da voz.

O mel é muito lembrando e utilizado como um lubrificante que pode auxiliar a ressonância da voz. No entanto, fazer uso de ingestão de sal, alimentos apimentados ou com temperos muito fortes, como forma de melhorar a performance vocal, não tem fundamento, pois o que ocorre nesses casos é um grande ressecamento das paredes das vias aéreas, o que acaba dificultando ainda mais a emissão vocal.

Se você tiver problemas de saúde vocal que persistem, em vez de utilizar paliativos, como balas, pastilhas ou sprays, procure um profissional da área de saúde que lhe oriente sobre algum tipo de tratamento eficiente a partir de um diagnóstico adequado com fonoaudiólogos e otorrinolaringologistas.

Beber água durante sua apresentação ajuda a hidratar e variar o timbre de voz, proporcionando um som mais agradável ao seu público.

Outra estratégia interessante para melhorar a voz é participar de grupos de teatro e/ou coral para que você possa desenvolver habilidade de expressão artística pela voz. Busque informações sobre teorias e práticas vocais, exercícios de relaxamento muscular, exercícios respiratórios, assista a aulas com amostras de tipos de produção vocal falada e cantada.

Ao perceber que sua plateia está apresentando sinais de sonolência ou cansaço, a estratégia de realizar variações de voz é uma forma de manter o público atento ao assunto exposto. Lembre-se: procure não deixar sua apresentação monótona.

A respiração durante a fala também deve ser controlada: três ou quatro respirações profundas ajudam a relaxar bastante. O procedimento adequado é inspirar, manter o ar nos pulmões e expirar depois de alguns segundos.

Outros fatores, como estresse, alergias, gripes, resistência vocal, poeiras, falar gritando, poluição, locais sujos, ruído, acústica ruim, qualidade do ambiente (ar-condicionado), entre outros, interferem na qualidade da voz.

> "Palavras apenas
> Palavras pequenas
> Palavras, momento
> Palavras, palavras
> Palavras, palavras
> Palavras ao vento."

> **Palavras ao Vento – Cássia Eller**

Considere o bom sono como fator que pode contribuir para a sua voz. A quantidade de sono suficiente para um ideal repouso muda de pessoa para pessoa. Na média, um sono de 7 a 8 horas é considerado como bom sono. No entanto, também se deve considerar a qualidade, como o tipo de colchão, o travesseiro, a posição que se dorme, o silêncio do ambiente e a ventilação. É possível perceber a voz diferente de alguém que teve uma noite maldormida, além de sinais de sonolência, que podem causar desinteresse na plateia em participar da apresentação.

A postura corporal também pode influenciar na voz. Não fique com a coluna curvada e a cabeça voltada para baixo, olhando o chão e evitando olhar para sua plateia. Isso causa dificuldade para a plateia ouvi-lo e faz com que você realize um esforço maior para emitir a voz. Mantenha os pés separados (aproximadamente na largura de seus ombros), ombros, braços e mãos relaxados, eleve a cabeça: isso tudo resulta em boa projeção vocal.

O uso adequado da voz é mais uma estratégia para criar empatia com a plateia, por isso procure praticar bastante. O exercício da leitura em voz alta ajuda muito. Se for possível, faça gravação da voz para realizar possíveis correções. Se achar pertinente, consulte um fonoaudiólogo, pois não é nenhum exagero ter a opinião de um profissional. O investimento vale a pena dependendo de seus objetivos.

Resumo do Capítulo

a. A voz é um instrumento de comunicação poderoso que pode servir para vários objetivos.

b. Você deve falar em um volume de voz que seja razoável e consiga garantir conforto audível para sua plateia.

c. Variar o ritmo ajuda a evitar que sua plateia fique com sono.

d. Por meio da entonação você pode tornar sua apresentação bem mais empolgante.

e. Evite uso e abuso de termos pobres e vulgares, palavrões, gírias e vícios de linguagem.

f. Mantenha vocabulário apropriado ao seu público.

g. Ser compreendido é mais importante que falar difícil.

h. Não carregue seu sotaque regional de forma exagerada que não possa ser compreendido por sua plateia.

i. Cuide de sua voz, evite gritar ou forçá-la de forma desnecessária.

j. Evite roupas justas, apertadas e desconfortáveis.

k. Cuidado com a utilização de produtos que prometem alívio para a voz.

l. Água é excelente para hidratar as cordas vocais.

m. Pratique exercícios respiratórios.

n. Se perceber sinais de sonolência da plateia, realize variações na voz.

o. Controle sua respiração ao falar.

p. Mantenha um bom sono.

q. Tenha postura adequada durante sua apresentação.

r. Ao sinal de apresentação de problemas de saúde vocal, procure profissionais para lhe orientar, como fonoaudiólogos e otorrinolaringologistas.

 Dica legal: a sua voz é um patrimônio único, pessoal e intransferível, que se leva para toda a vida, e depende somente de você preservá-la, desenvolvê-la e aprimorá-la. Cuide dela com carinho.

Sarau Acadêmico

Poder da oratória

"Os grandes mestres na história da humanidade só tinham, à sua disposição, um recurso: a fala." — Rubem Alves

Sugestões de leitura

AMATO, R. de C. F. *Manual de Saúde Vocal*: **teoria e prática da voz falada para professores e comunicadores**. São Paulo: Atlas, 2010.

O livro aborda um panorama sobre a saúde vocal dos profissionais da voz. Apresenta noções fundamentais de fisiologia e anatomia vocal, que são explicadas de forma compreensiva, dando ao leitor uma visão clara e abrangente do funcionamento de sua voz. Apresenta também inúmeros exercícios de técnica vocal.

Sites relacionados

Academia Brasileira de Laringologia e Voz (ABLV). Disponível em: <http://www.ablv.com.br/>. Acesso em: 23 mar. 2016.

O site apresenta informações sobre ensino e pesquisa, campanhas e cursos de aperfeiçoamento, reuniões, congressos, estágios no país e no exterior, na área de laringologia e voz.

Sociedade Brasileira de Fonoaudiologia (SBFa). Disponível em: <http://www.sbfa.org.br/portal>. Acesso em: 23 mar. 2016.

O site disponibiliza informações sobre realização de palestras, simpósios, conferências, cursos, reuniões, encontros e congressos, bem como mediante a edição de publicações, periódicos, abordando, invariavelmente, matérias de interesse das categorias profissionais abrigadas pela associação em questões sobre fonoaudiologia.

Sociedade Brasileira de Fonoaudiologia (SBFa). ***Estudos sobre profissionais da voz.*** Disponível em: <http://www.sbfa.org.br/portal/voz_profissional/index.htm> Acesso em: 23 mar. 2016.

Esse link apresenta literatura fonoaudiológica brasileira, a partir de uma pesquisa mais sistemática abrangendo periódicos da área e afins, anais de congressos, teses, dissertações, monografias, trabalhos de conclusão de curso e livros.

Espaço musical

Pesquise, escute e curta na internet os links a seguir:

a. **A Voz do Dono e o Dono da Voz** – Chico Buarque. Disponível em: <http://letras.mus.br/chico-buarque/45102/>. Acesso em: 24 mar. 2016.

b. **Uma Voz no Vento** – Leila Pinheiro. Disponível em: <https://www.letras.mus.br/leila-pinheiro/66086/>. Acesso em: 19 nov. 2016.

Após escutar e curtir as músicas faça analogias das letras com o capítulo apresentado. Compartilhe a sua opinião e realize um debate com seus colegas de classe.

Sessão pipoca

Após assistir ao filme sugerido no Quadro 7.1, você pode discutir e relacionar o tema deste capítulo com colegas de turma.

Quadro 7.1 Roteiro para discussão de analogia de filme com questões de voz e sotaque

Filmes de referência	Temas relacionados	Questões para debate
Bastardos Inglórios. Diretor: Quentin Tarantino. Ano: 2009. Gênero: guerra. Sinopse: durante a Segunda Guerra Mundial, a França está ocupada pelos nazistas. O tenente Aldo Raine (Brad Pitt) é o encarregado de reunir um pelotão de soldados de origem judaica, com o objetivo de realizar uma missão suicida contra os alemães. O objetivo é matar o maior número possível de nazistas, sempre da forma mais cruel possível. Paralelamente Shosanna Dreyfuss (Mélanie Laurent) assiste à execução de sua família pelas mãos do coronel Hans Landa (Christoph Waltz), o que faz com que fuja para Paris. Lá ela se disfarça como operadora e dona de um cinema local, enquanto planeja um meio de se vingar.	• Padrões culturais • Sensibilidade • Diferenças sociais • Comunicação • Comportamento • Adaptação	1. Quero destacar três cenas para você assistir e discutir com seus colegas de grupo sobre como o sotaque e os gestos podem chamar atenção e não passam desapercebidos por ouvidos atentos. Cena 1: de 1h16min ("estava pensando") até 1h21min ("vá ficar com seus amigos"). Você pode utilizar esta cena para discutir com seus colegas de grupo como um sotaque pode provocar desfechos inesperados e até desagradáveis, considerando, é claro, o momento épico: a Segunda Guerra Mundial. Cena 2: de 1h27min ("próximo") até 1h30min ("três copos"). Nesta cena observe e discuta como gestos podem ser facilmente identificados, como costumes locais. Já passou por alguma situação parecida? Conte sua experiência aos colegas de grupo. Cena 3: de 1h50min ("obrigado!") até 1h55min ("*arrivederci*"). A cena demonstra como uma pessoa experiente e poliglota utiliza seus conhecimentos identificando que não se pode mentir a respeito de sotaques.

Capítulo 8

MICROFONE: COMO FAZER SEU USO CORRETO

"Ah!
Se o mundo inteiro me pudesse ouvir
Tenho muito pra contar
Dizer que aprendi."

Azul da Cor do Mar – Tim Maia

Objetivos de Aprendizagem

- ► Compreender quais os principais cuidados que se deve ter ao utilizar o microfone.
- ► Conhecer os tipos de microfones disponíveis.
- ► Entender como a qualidade do som e acústica interferem na exposição do apresentador.

Microfone: Como Fazer seu Uso Correto

Uma das vantagens da utilização do microfone é propagar a comunicação do apresentador para uma grande plateia e um número maior de pessoas. O tipo de microfone, a qualidade do som e a acústica da sala ou do espaço físico têm influência no resultado de sua apresentação acadêmica.

A maioria dos modelos disponíveis de microfone pode ser ajustado tanto quanto ao tamanho da cabeça como à distância do microfone à boca do apresentador.

Modelos Mais Utilizados de Microfone

a. O microfone do tipo headset sem fio permite que o apresentador se movimente diante de sua plateia e fique com as mãos livres para gesticular, segurar o laser pointer e outros tipos de objetos, além de executar outras ações enquanto fala.

b. O microfone de lapela pode ser facilmente fixado na roupa, de preferência sempre mais próximo da boca do apresentador para captar e transmitir melhor o som.

c. O microfone de pedestal é o mais tradicional, muito comum e encontrado na grande maioria dos auditórios e das salas de apresentação. É um microfone que fica suspenso sobre uma haste, com mecanismo de regulagem da altura adequada para cada apresentador. Seu uso permite ao apresentador que também fique com as mãos livres para demonstração de gestos que enriquecem a apresentação. Não se curve sobre o microfone: procure regular e utilize-o da forma mais confortável possível.

d. Há situações em que o apresentador tem que utilizar o microfone segurando-o, sem o apoio do pedestal. Nesses casos, ele deve evitar segurar o fio do microfone e ter o cuidado para não se enrolar com o fio.

e. O microfone de mesa geralmente fica apoiado sobre uma haste flexível. Procure fazer o ajuste necessário para a altura de sua boca. Os cuidados são os mesmos citados anteriormente.

> **Curiosidade**
>
> Em seus shows, o cantor Roberto Carlos segura o pedestal do microfone, o que se tornou uma marca registrada em seus espetáculos. Já o vocalista Axl Rose, da banda Guns N´ Roses, faz uso do microfone como ferramenta de coreografia do início ao fim de seus shows. Ambos os artistas têm performances diferentes, mas utilizam bem o microfone para o objetivo principal. Para sua apresentação acadêmica, a utilização tem como objetivo comunicar de forma mais ampliada.

Alguns Cuidados ao Utilizar o Microfone

a. Evite segurar o microfone com as duas mãos ou nas pontas dos dedos, pois passa a ideia de insegurança.

b. O uso do microfone de mesa é realizado quando você está sentado. Os cuidados são os mesmos do microfone de pedestal e boa parte dos microfones de mesa permitem ajustá-los para a altura da boca.

c. Antes do início da apresentação, se possível, teste a sensibilidade do microfone e identifique a distância adequada da boca para falar.

d. Certifique-se que a acústica do ambiente é boa e que a qualidade da voz que vai se propagar através do microfone chegará até os últimos ouvintes de sua plateia sem dificuldade.

e. Não deixe o microfone na frente do seu rosto, muito abaixo ou acima da boca. Como sugestão, deixe na altura do queixo.

f. Para microfone sem fio, teste a capacidade de distância da base do aparelho.

g. Se o microfone tem fio e você precisa ficar em pé e deseja andar, se movimentar durante a apresentação, então tenha cuidado para não tropeçar nos fios.

h. Tenha sempre pilhas extras para a utilização mais duradoura do microfone.

É importante que você considere esses cuidados e analise as reais condições da qualidade do microfone e da acústica do local onde será realizada a sua apresentação.

O microfone deve contribuir com sua apresentação, e não atrapalhar com ruídos ou chiados indesejáveis e som ruim. Se isso acontecer e incomodar muito seu público, não utilize o microfone.

Sarau Acadêmico

Espaço musical

Pesquise, escute e curta na internet os links a seguir:

a. **Lenha** – Zeca Baleiro. Disponível em: <http://letras.mus.br/zeca-baleiro/43669/>. Acesso em: 14 nov. 2016.

b. **Esse Cara Sou Eu** – Roberto Carlos. Disponível em: <https://www.youtube.com/watch?v=x2Mj_sLaQhA>. Acesso em: 20 nov. 2016.

c. **Paradise City** – Guns N' Roses. Disponível em: <https://www.youtube.com/watch?v=Rbm6GXllBiw>. Acesso em: 21 nov. 2016.

Após escutar e curtir as músicas, faça analogias das letras com o capítulo apresentado. Compartilhe a sua opinião e realize um debate com seus colegas de classe.

Sugestões de leitura

ALVES, L. S. *A Arte da Oratória*: **técnicas de oratória moderna e comunicação eficiente.** Brasília: Brasília Jurídica, 2004.

Na página 102, o autor descreve e apresenta técnicas para o orador utilizar corretamente o microfone.

Sessão pipoca

Após assistir ao filme sugerido conforme o Quadro 8.1, você pode debater e relacionar os temas fazendo analogias com o uso do microfone.

Quadro 8.1 Roteiro para discussão de analogia de filme com o uso do microfone

Filme de referência	Temas relacionados	Questões para debate
Piratas do Caribe: A Maldição do Pérola Negra. Diretor: Gore Verbinski. Ano: 2003. Gênero: aventura. Sinopse: em pleno século XVII, o pirata Jack Sparrow (Johnny Depp) tem seu navio saqueado e roubado pelo capitão Barbossa (Geoffrey Rush) e sua tripulação. Com o navio de Sparrow, Barbossa invade e saqueia a cidade de Port Royal, levando consigo Elizabeth Swann (Keira Knightley), a filha do governador (Jonathan Pryce). Decidido a recuperar sua embarcação, Sparrow recebe a ajuda de Will Turner (Orlando Bloom), um grande amigo de Elizabeth que parte em seu encalço. Porém, o que ambos não sabem é que o Pérola Negra, navio de Barbossa, fora atingido por uma terrível maldição que faz com que eles naveguem eternamente pelos oceanos e se transformem em esqueletos à noite.	• Autoestima • Segurança • Autoconfiança • Ética • Motivação • Persistência	Este é um filme delicioso que você deve assistir do início ao fim. Se alguém deseja aprender o que é ter autoestima elevada, basta se inspirar no pirata Jack Sparrow. Mesmo em situações difíceis ele não perde a pose. Sua autoconfiança e presença de espírito são invejáveis. Através de seu espírito contagiante consegue envolver as pessoas que estão ao seu redor. 1. Depois de assistir ao filme, discuta sobre como manter a autoestima. 2. Qual a importância de se valorizar para conseguir resultados positivos?

Capítulo 9

OLHANDO PARA A PLATEIA

"Eu quero ser exorcizado
Pela água benta desse olhar infindo
Que bom é ser fotografado
Mas pelas retinas desses olhos lindos
Me deixe hipnotizado."

Disritmia – Martinho da Vila

Objetivos de Aprendizagem

► Ressaltar a importância do contato visual.
► Mostrar como fazer contato visual.
► Estabelecer a comunicação por meio do contato visual.

Contato Visual

O contato visual é a ligação inicial entre você e seu público. Olhar para as pessoas significa estabelecer a comunicação frente a frente. Enfrentar uma plateia e manter contato visual continua sendo um problema para muitas pessoas. Esse contato visual deve ser mantido o máximo possível com sua plateia, pois quem fala tende a observar o outro.

Ao realizar uma apresentação é comum que algumas pessoas, por estarem nervosas, procurem um ponto de apoio. O apresentador olha para uma pessoa da plateia que "responde" à apresentação balançando a cabeça. O gesto de balançar a cabeça pode significar que a pessoa está concordando com o que o apresentador está falando, demonstrando atenção, que não pode ser interpretado como uma regra. O apresentador começa a se sentir mais confiante porque alguém está apoiando-o por meio desse gesto, então ele simplesmente esquece toda a sua plateia e fixa o olhar e a atenção apenas nesta pessoa, como se estivesse fazendo uma apresentação pessoal. Isso acaba criando uma situação constrangedora, desconfortável para o espectador e decepcionante para a plateia presente, que pode se sentir desprestigiada. Isso acontece de forma involuntária, e não de propósito. O apresentador deve evitar isso com treinamento e utilizando soluções bem simples.

Técnicas para Estabelecer Contato Visual

Conheça algumas técnicas para manter contato visual com seu público sem problemas:

   a. Procure não concentrar o olhar em apenas uma pessoa de sua plateia ou falar somente para quem está à frente ou na primeira fila.
   b. Mantenha contato visual distribuindo seu olhar por toda a plateia como se estivesse falando para cada pessoa de forma individual.
   c. Se o contato for pessoal, você pode fixar um triângulo imaginário entre os olhos e a boca de seu espectador.

d. Quando o público não é tão grande fica mais fácil conseguir dar atenção a todos com o olhar, no entanto, quando a plateia é grande, uma técnica muito interessante de ser usada é a de fixar o olhar nas últimas fileiras fazendo uma espécie de "sobrevoo" sobre a plateia com o olhar conforme a Figura 9.1.

e. Você também pode dividir a plateia em várias partes, como frente, meio, final, lado esquerdo ou direito, distribuindo o olhar de forma igualitária para todos esses lados conforme demonstrado na Figura 9.2. Essa forma de olhar transmite confiança e atenção para os espectadores.

f. Outra técnica muito utilizada é dividir sua plateia em quadrantes imaginários e fixar o olhar no meio desses quadrantes conforme Figura 9.3. Isso é muito utilizado por artistas que fazem apresentações para grandes plateias. Quem estiver assistindo à sua apresentação terá a sensação que você está olhando para ele.

g. Evite olhar para o chão, para o teto ou para um ponto vago e evite também ficar de lado ou de costas para seu público.

Fixando o olhar em sua plateia é possível receber sinais, como franzir a testa, comprimir os olhos, que são sinais de comunicação aprovando ou não sua mensagem de comunicação.

Os olhos exercem grande papel na comunicação. Fique atento às pistas que o ouvinte lhe dá, mas cuidado: isso não é tão fácil de ser interpretado, recomendo cautela.

Gestos hostis, como o balançar negativo de cabeça e caretas de alguém da plateia, não devem desconcentrar sua apresentação. Procure não dar muita importância. Você pode encontrar pessoas que não gostam de você, então não fique nervoso nem tente convencer esta pessoa. Lembre-se: tenha foco em toda a sua plateia, e não apenas em uma pessoa.

> **Recordação**
> Em minha infância, quando meus irmãos e eu atingíamos o limite máximo de nossas travessuras, meus pais chamavam a nossa atenção apenas com o modo de olhar. Eles sabiam "falar" com os olhos.

Figura 9.1 Contato visual com sobrevoo sobre a plateia

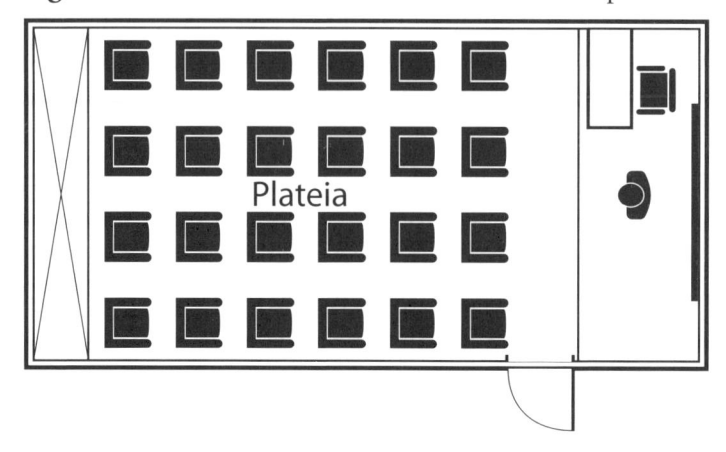

Figura 9.2 Contato visual na frente, no meio e no fundo da plateia

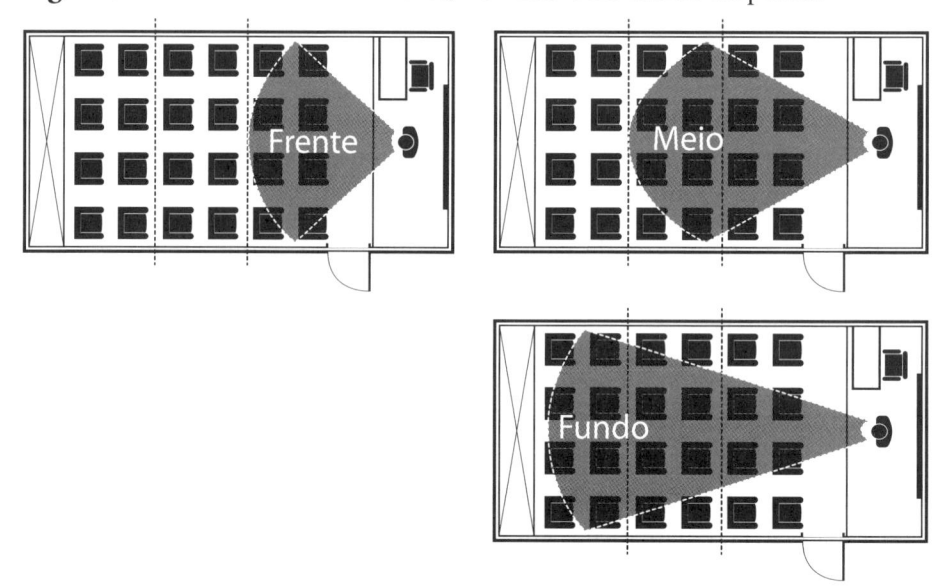

Figura 9.3 Contato visual em quadrantes imaginários

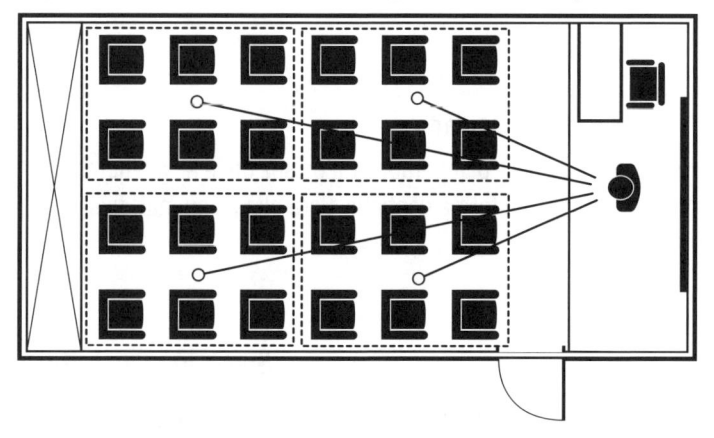

A intensidade e brevidade dos olhares para a sua plateia podem demonstrar o interesse que você tem. O olhar deve ser firme e determinado, transmitindo segurança pessoal.

> "Então me coloco à sua frente
> Vai descobrir minhas verdades
> Em um único olhar, olhar
> Decifrar os meus segredos..."
>
> **Único Olhar – Jota Quest**

Se estiver em outro país realizando uma apresentação acadêmica, considere que os movimentos oculares podem variar conforme a cultura e a nacionalidade em que você está fazendo sua apresentação. Procure pesquisar para conhecer mais a respeito da cultura local, evitando assim certos embaraços.

 Dica legal: praticando as técnicas demonstradas, com o tempo, você vai fixar o olhar para sua plateia com mais naturalidade.

Sarau Acadêmico

Curiosidade

No Japão medieval era proibido olhar para o imperador. Há países onde as mulheres se sentem ofendidas se forem encaradas de forma contínua. Para alguns animais fixar o olhar significa desafio.

Sugestões de leitura

CAMARGO, P. S. de. *Linguagem corporal*: **técnicas para aprimorar relacionamentos pessoais e profissionais**. São Paulo: Summus, 2010.

O Capítulo 3 apresenta exemplos de expressões humanas em sinais primários, como alegria, tristeza, raiva, medo, surpresa, desprezo e nojo, que podemos identificar em nossa plateia no momento da apresentação, nos ajudando a mudar o rumo de nossa comunicação. Já o Capítulo 6 do livro aborda as inúmeras características comportamentais referentes aos olhos. O autor descreve os movimentos oculares mais comuns e como interpretar os sinais que são transmitidos por meio dos olhares.

PEASE, A.; PEASE, B. *Desvendando os segredos da linguagem corporal.* 6. ed. Rio de Janeiro: Sextante, 2005.

No Capítulo 6 os autores descrevem a importância dos sinais por meio dos olhos, o poder que o olhar demonstra, como homens e mulheres enxergam as coisas de forma diferente e como identificar um olhar hostil ou social.

Espaço musical

Pesquise na internet os links a seguir:

a. **Espelhos D'água** – Beto Guedes. Disponível em: <http://letras.mus.br/beto-guedes/149432/>. Acesso em: 24 mar. 2016.

b. **O Seu Olhar** – Arnaldo Antunes. Disponível em: <http://www.vagalume.com.br/arnaldo-antunes/o-seu-olhar.html>. Acesso em: 22 mar. 2016.

Depois de escutar e curtir as músicas, faça uma analogia das letras com o capítulo apresentado. Compartilhe a sua opinião e realize um debate com seus colegas de classe.

Sessão pipoca

Após assistir ao filme sugerido no Quadro 9.1, você pode discutir e relacionar o tema deste capítulo com seus colegas de classe.

Quadro 9.1 Roteiro para discussão de analogia de filme com olhar para a plateia

Filme de referência	Temas relacionados	Questões para debate
Sociedade dos Poetas Mortos. Diretor: Peter Wein. Ano: 1989. Gênero: drama. Sinopse: a trama ocorre no outono de 1959 em uma escola secular e tradicional de Vermont, nos Estados Unidos. O professor John Keating (Robin Williams) é uma pessoa muito polêmica e mal vista pelos professores e diretores da escola por despertar nos alunos uma liberdade, que fazia com que eles questionassem os padrões culturais e sociais estabelecidos. Mesmo sendo um professor idolatrado pelos alunos, Keating acaba sendo afastado pela sua forma de lecionar. O professor ensinou os alunos a conquistarem a liberdade pessoal e não serem conformistas diante da vida.	• Autoestima • Confiança	Destaquei várias cenas para você assistir. Todas têm relação sobre a importância de ganhar confiança em suas apresentações acadêmicas olhando para sua plateia. Cena 1: de 9min01s (o professor John entra na sala assobiando) até 13min39s ("aproveitem o dia rapazes, tornem suas vidas extraordinárias"). Cena 2: de 17min24s (o professor John inicia a aula falando "cavalheiros abram seus livros na página 21 da introdução") até 22min15s ("qual seria o seu verso?") Cena 3: de 34min38s (o professor John inicia sua aula falando "um homem não está muito cansado, ele está exausto") até 37min26s ("morrendo de medo sua toupeira")

Cena 4: de 53min29s ("não está valendo nada cavalheiros") até 55min20s ("remem contra a maré")

Após assistir as cenas sugeridas, discuta com seus colegas de grupo:

1. Nas cenas 1 e 2, o professor John cria sinergia através da forma que olha para seus alunos, como ele distribui os olhares. O fato de distribuir olhares de forma igualitária mostra respeito por todos os alunos. Seus gestos acompanham sua fala na apresentação do conteúdo da aula. Ele não demonstra uma postura soberba ou arrogante. Como isso pode ser positivo quando utilizado em uma apresentação?

2. Na cena 3, John faz uma provocação para seus alunos, subirem na mesa e olharem de forma diferente para um mesmo cenário. Qual a analogia que é possível fazer nesta cena com este capítulo do livro?

3. Na cena 4, o professor John está realizando sua apresentação acadêmica no pátio externo da escola. Mesmo em um ambiente diferente, ele continua distribuindo olhares para todos os alunos e dando a mesma atenção. Qual a importância do contato visual para apresentação?

Capítulo 10

PIADAS, BRINCADEIRAS, BOM HUMOR, MOTIVAÇÃO E GAFES

"E a gente canta
E a gente dança
E a gente náo se cansa
De ser criança
A gente brinca
Na nossa velha infância..."

Velha Infância – Os Tribalistas

Objetivos de Aprendizagem

► Mostrar como analisar o momento de contar piadas e fazer brincadeiras como recurso para descontrair e manter a atenção de seu público.

► Entender como a motivação e o entusiasmo em sua apresentação acadêmica podem contagiar sua plateia.

► Explicar como lidar com situações de gafes.

Piadas, Brincadeiras e Bom Humor

É comum oradores iniciarem suas apresentações utilizando o recurso de contar uma piada ou fazer algum tipo de brincadeira como forma de "quebrar o gelo". A aplicação de uma boa dose de bom humor em suas apresentações, quando é espontânea e natural, é bem-vinda, pois é uma das formas de estabelecer interação com o público mais facilmente. Em geral as pessoas gostam de oradores que sejam bem-humorados.

O objetivo não é a utilização de piadas e brincadeiras em suas apresentações acadêmicas, como dissertações de mestrado, teses de doutorado, TCC, monografias ou qualquer outro tipo de encontro científico, afinal de contas, você conhece seu público melhor que ninguém, mas se houver espaço para o bom humor, ele será sempre bem-vindo.

Contar piadas e fazer brincadeiras é um recurso interessante para descontrair e manter a atenção de seu público, mas tenha bastante cautela. Lembre-se que sua plateia não está ali para um espetáculo de humor.

Sempre tem alguém que se acha engraçadinho ou que tem o estilo humorista, fazendo uso de piadas e brincadeiras a todo o momento e achando que está abafando, quando na realidade está irritando cada vez mais o seu público.

Piadas também podem causar constrangimentos e embaraços, principalmente se forem de mau gosto e direcionadas para apenas uma pessoa, fazendo-a se sentir ridicularizada.

Cuidados ao Utilizar Piadas e Brincadeiras

Se optar por utilizar esse recurso, examine se a piada ou brincadeira:

a. É apropriada ao momento.

b. É de bom gosto.

c. É nova e que grande parte da plateia ainda não conhece.

d. É realmente divertida.

e. É pertinente ao assunto apresentado.

f. Deve ser contada com naturalidade.

g. Será entendida por todos.

h. Pode ser contada com elegância e de forma inteligente.

i. Não será ofensiva, preconceituosa e homofóbica. Lembre-se das características diferentes que sua plateia pode apresentar, como religião, raça, sexo, idade, assim você evita possíveis desconfortos.

j. Mantém um repertório com as boas piadas.

Se alguém de sua plateia começar a bocejar, o que está ocorrendo é falta de oxigenação no cérebro. Quando o humor é utilizado, ele provoca o riso, com isso os movimentos faciais de quem ri causam uma renovação na respiração, quebrando o sono.

O que você não deseja é uma reação negativa de seu público, por isso esteja à vontade para utilizar o recurso. Quando conseguir criar empatia e se sentir seguro, vá adiante com moderação.

Com bastante treino você consegue criar situações favoráveis conforme cada momento. Mesmo diante de plateias mais sérias e formais é possível criar um clima mais descontraído. Procure não se intimidar.

Humor e vida

"Há quem diga que o humor cura e quem ri vive mais."

É preciso habilidade para contar bem uma piada e tirar boas gargalhadas do público, mas tenha em mente que saber contar piadas não significa a salvação e garantia de uma boa apresentação de trabalho acadêmico.

Há vários estudos que demonstram que o sorriso e o riso ajudam a proteger o corpo de doenças e males, atraem mais relacionamentos e prolongam a vida.

 Dica legal: a brincadeira e a boa piada quando bem utilizadas também são formas de iniciar a apresentação mais relaxado, fazendo com que o seu nervosismo diminua e se crie mais proximidade com sua plateia. Cuide apenas para não cometer exageros. É importante que você considere o público que está presente e os reais objetivos de comunicar a mensagem.

Motivação

O apresentador deve demonstrar motivação e empolgação em sua apresentação acadêmica, procurando contagiar toda a sua plateia. Se você demonstra desânimo ao realizar sua apresentação, é uma questão de tempo para que sua plateia perca o interesse em assistir.

Motivação é o conjunto de forças que fazem as pessoas tomarem iniciativas, direcionarem seus esforços e tornarem-se persistentes para atingir seus objetivos e suas metas.

A motivação é o esforço e a intensidade que você vai necessitar para dedicar-se à realização da sua apresentação acadêmica. Os resultados que pretende obter com sua apresentação vão depender do seu desempenho.

As motivações podem ter fatores extrínsecos ou intrínsecos. As motivações extrínsecas são aquelas visíveis, tangíveis, podendo ser compreendidas como motivações básicas, por exemplo, você realiza várias atividades acadêmicas porque fazem parte da exigência curricular de sua faculdade, são obrigatórias. Já as intrínsecas são intangíveis, vão além de simplesmente cumprir uma tarefa, ter apenas a nota, ou seja, é aquela atividade acadêmica que o aluno busca como recompensa o reconhecimento, faz com gosto pelo desafio que proporciona. Na realização de uma atividade acadêmica podemos identificar objetivos e fatores motivacionais muito diferentes.

Fatores Motivacionais

A motivação pode variar de pessoa para pessoa, conforme a necessidade de cada um. São vários os fatores motivacionais:

a. Alunos interessados em obter a melhor nota.
b. Produzir uma atividade acadêmica desafiante e criativa.
c. Capacidade de continuar um trabalho acadêmico difícil de ser realizado.
d. Ganhar uma bolsa de estudo ou desconto por apresentações científicas.

e. Nota mínima exigida, apenas o suficiente para a aprovação da atividade acadêmica.

f. Cumprir o que foi solicitado pelo professor e pelo programa de estudos da faculdade.

g. A mensagem principal da atividade acadêmica deve ser compreendida por um número maior de pessoas.

h. Ter reconhecimento na empresa em que trabalha por esforço, ganhando posição de destaque e possíveis promoções.

i. Relacionamento, estima e amizade com os colegas. A pessoa considera mais importante o contato social como fator motivador.

j. Conhecimento que se obtém na prática: a habilidade desenvolvida com a apresentação do trabalho acadêmico que se transforma em experiência de vida.

k. Ser reconhecido pelos professores e colegas de turma com a realização de atividade acadêmica.

l. Conquistar fama e reconhecimento da comunidade acadêmica, gozar de algum tipo de status e prestígio na faculdade.

Para muitos alunos, felizmente, todos os fatores são motivadores na apresentação de trabalhos acadêmicos. E quando são realizados em grupo, o maior desafio é manter todos os envolvidos "afinados" para que alcancem um único objetivo, com a mesma proporção de motivação.

Fatores que Desmotivam

Situações que podem afetar o desempenho e a motivação individual e do grupo em apresentações e atividades acadêmicas:

a. O estilo, a ausência ou nenhuma orientação do professor orientador.

b. Mudança de professor orientador.

c. Falta de recursos audiovisuais.

d. Entrada ou saída de algum membro do grupo.

e. Conflito de relacionamento entre os membros do grupo.

f. Falta de apoio financeiro por parte da instituição para a realização de atividades acadêmicas em outras instituições, em outros municípios, estados ou países.

g. Desinteresse e falta de compromisso por parte de membros do grupo.

h. Mudança de tema, data e tipo de apresentação.

i. Problemas pessoais do tipo financeiro ou emocionais que afetam o membro do grupo e consequentemente seu desempenho.

Há limitações e situações que fogem de nosso controle, mas a motivação tem importância em nossas vidas. É a partir da energização individual e de grupo que podemos alcançar os objetivos estabelecidos. Superação é a palavra de ordem. Seja perseverante no caminho a ser percorrido: a atitude e a forma como lida com problemas é o que fazem a diferença em sua vida. Não deixe que problemas interrompam a sua respiração e a vontade de viver.

O amargurado

Há pessoas que são amarguradas, carregam a tristeza por onde passam, não veem graça em nada na vida, parece que acordaram com o fígado virado.

O amargurado acorda de manhã e no caminho para o trabalho encontra com um amigo que lhe pergunta:

– Olá, como vai, tudo bem? Quanto tempo? Está indo para aonde?

O amargurado responde:

– Pagar meus pecados...

Ao chegar no trabalho recebe um "bom dia" de seus colegas... E o amargurado responde:

– Só se for para vocês...

Depois de um longo dia de trabalho, finalmente ele vai embora para casa, chega nervoso, irritado, batendo a porta, e o filho que lhe espera pergunta...

– Nossa, pai, está vindo de onde?

O amargurado responde:

– Do inferno...

Em momentos que necessitar reabastecer sua motivação, recorra aos amigos, à família, fique perto de pessoas motivadas e que desejam o seu bem.

> **Minhas recordações**
>
> Lembro-me de um desenho muito famoso, um clássico da Hanna Barbera que tinha como personagens o leão Lippy e a hiena Hardy. Ambos bolavam planos mirabolantes para se darem bem em alguma situação, mas Hardy era o contrário de Lippy: pessimista ao extremo, nunca acreditava em nada que faziam. Ele sempre repetia:
>
> – Oh, céus! Oh, vida! Oh, azar!

Se afaste de pessoas com este perfil, que enxergam problema em tudo. Não estou dizendo que vamos acordar e rir todos os dias, mas não podemos ser amargurados ou viver sem nenhum entusiasmo.

 Dica legal: tenha motivação pela vida, realize suas apresentações acadêmicas como se fossem únicas, mantenha vigor e entusiasmo, transmita energia mesmo diante de situações difíceis, não desista de seus sonhos. Procure motivação dentro de você, motive seus amigos, contagie todo mundo ao seu redor, acredite em você.

Gafes, Micos e Saias Justas

Que atire a primeira pedra quem nunca cometeu uma gafe ou "pagou algum mico". Se você pensou em atirar alguma pedra, calma que ainda vai cometer alguma gafe em sua vida e "pagar alguns micos".

Pagar mico é a mesma coisa que cometer uma gafe. É uma situação embaraçosa, vexatória, vergonhosa, que causa constrangimento ou sensação de culpa. Nenhuma pessoa está totalmente imune de gafes, por mais provida de conhecimento ou de experiência que seja.

A gafe é uma situação que acontece fora do planejado, causada por excessos ou a falta de algo, ocasionando pequenos desastres. Geralmente sempre ocorre em encontros de festas, reuniões de negócios, encontros amorosos, visita a lugares com culturas diferentes, eventos públicos, cerimoniais e podem envolver o uso de um determinado tipo de roupa, o cumprimento a alguém, uma troca de nome, o modo de comer, comportamentos exagerados ou inadequados, enfim, são diversos os exemplos.

Gafes das celebridades

Gafe 1: a apresentadora Hebe Camargo exercia seu entusiasmo com a plateia por meio de suas gargalhadas, suas entrevistas com convidados famosos e figurinos extravagantes, porém nada superava as várias gafes que acompanharam sua trajetória artística. Hebe arrumava um jeito de se sair bem das gafes que cometia. Com bom humor, tinha capacidade de minimizar qualquer situação mais delicada.

Gafe 2: a apresentadora Luciana Gimenez, no começo de sua carreira, atropelava o português, caía no palco, arrebentava plurais, maltratava regras gramaticais, passava a impressão que ia bater em alguém com seus braços quando gesticulava. Era uma gafe atrás da outra. Todo mundo ria, até que ela percebeu que não adiantava brigar com seus erros e que podia tornar suas gafes e micos em verdadeiros aliados. A partir disso, criou em seu programa na Rede TV, o Superpop, o quadro "Mico da Gimenez", que apresentava uma coleção de gafes cometidas por ela durante o programa. Gimenez conseguiu dobrar seu salário, aumentar a audiência do programa e ainda lucrou com a participação em *merchandising* de produtos exibidos pela emissora.

No caso de celebridades, a gafe quando é cometida tem uma proporção de estrago maior por força da comunicação, das mídias televisivas e das redes sociais. No caso de apresentações acadêmicas, as mais comuns são esquecer o texto na hora de falar, trocar nomes de professores, alunos e da instituição, cometer falha na utilização de equipamentos e recursos da apresentação, fazer algum gesto inadequado involuntariamente, estar com o zíper da calça aberto, cair, tropeçar em fios, derrubar água, empurrar alguém sem querer, coçar as genitais, e não para por aí. A ideia não é ganhar nada com as gafes, a não ser aprendizado e procurar não repeti-las.

Geralmente a gafe é sempre sem querer: ninguém comete gafe porque deseja. A gafe pode acontecer com você sozinho, entre duas ou mais pessoas. Algumas gafes podem ser devastadoras, causando vergonha e constrangimento não somente para quem a cometeu, mas para quem participa: no seu caso a plateia de sua apresentação acadêmica. Dificilmente uma gafe tem solução, no entanto não é o fim do mundo, depende da sua destreza e do seu "jogo de cintura". Existem pessoas que disfarçam, assumem e até riem de suas próprias gafes, que, em algumas situações, até aproximam mais a plateia. Há outras pessoas que tentam consertar e acabam piorando o que já não estava bom.

A melhor solução para gafes é tentar evitá-las. Mas se acontecer, não tem outro jeito, pois, dependendo do tipo de gafe, mesmo constrangido, se não conseguir enfrentá-la, tente disfarçar, tente consertar com sabedoria, peça desculpa ou assuma a gafe com bom humor, rindo de si mesmo. Há um provérbio popular sobre gafe que diz o seguinte: "É melhor ficar vermelho alguns minutos do que amarelo a vida inteira."

 Dica legal: aprendemos com os erros, não dá para fugir do mico ou da gafe, eles chegam sem mandar aviso. Se você cometer algum tipo de mico ou gafe, aceite que é apenas um ser humano, não se culpe e procure não repetir novamente.

Sarau Acadêmico

Curiosidade

Rir significa: 1. Demonstrar alegria, prazer, divertimento, ironia etc., com expressão facial e som característicos, ter prazer, alegria, ou estar despreocupado, pouco sério, agir ou expressar-se sem seriedade. **2.** Gracejar, fazer de algo ou alguém motivo de riso, diversão, menosprezo. **3.** Zombar, rir, rir amarelo, rir de modo forçado, não espontâneo.

Sorrir significa: Ato ou efeito de sorrir(-se); movimento e expressão de um rosto que sorri.

Sugestões de leitura

ARAÚJO, R. C. *A arte de pagar micos e King Kongs*: **viver sem culpas**. São Paulo: Qualitymark, 2005.

O livro descreve de forma divertida como agir em situações em que acontece o chamado "pagar mico". A autora dá dicas de como lidar com situações que causam constrangimentos na vida pessoal, profissional e acadêmica.

Sites relacionados

Doutores da Alegria é a primeira instituição criada no Brasil com o objetivo de levar humor, carinho, solidariedade e poesia da arte dos palhaços para crianças e adolescentes internados em hospitais.

Quer saber mais sobre a instituição? Acesse o endereço <http://www.doutoresdaalegria.org.br/>.

Espaço musical

Pesquise na internet os links a seguir:

a. **Eu Quero Ser Feliz Agora** – Oswaldo Montenegro. Disponível em: <http://letras.mus.br/oswaldo-montenegro/1934063/>. Acesso em: 29 out. 2016.

b. **O que é, o que é?** – Gonzaguinha. Disponível em: <http://letras.mus.br/gonzaguinha/463845/>. Acesso em: 17 set. 2016.

c. **Rindo à Toa** – Falamansa. Disponível em: <http://letras.mus.br/falamansa/14351/>. Acesso em: 18 mai. 2016.

Após escutar e curtir as músicas, faça uma analogia das letras com o capítulo apresentado.

Sessão pipoca

Após assistir aos filmes sugeridos no Quadro 10.1, você pode discutir e relacionar os vários temas com as sugestões de debate.

Quadro 10.1 Roteiro para discussão de analogia de filmes com riso

Filmes de referência	Temas relacionados	Questões para debate
Patch Adams: o Amor é Contagioso. Diretor: Tom Shadyac. Ano: 1998 Gênero: drama. Sinopse: em 1969, após tentar se suicidar, Hunter Adams (Robin Williams) voluntariamente se interna em um sanatório. Ao ajudar outros internos, descobre que deseja ser médico para poder ajudar as pessoas. Desse modo, sai da instituição e entra na faculdade de Medicina. Seus métodos pouco convencionais causam inicialmente espanto, mas aos poucos ele vai conquistando a todos, com exceção do reitor, que quer arrumar um motivo para expulsá-lo, apesar de ele ser o primeiro da turma.	• Adaptação • Comunicação • Criatividade • Empreendedorismo • Motivação • Mudanças • Valores • Solidariedade • Inovação • Humanismo • Sentido da vida • Reaprendizagem	Na década de 1980, vários hospitais americanos introduziram o conceito de "sala do riso". Com base na experiência de Norman Cousins e nas pesquisas do Dr. Patch Adams sobre os efeitos do riso, os hospitais destinaram salas cheias de livros de humor, filmes humorísticos e visitas regulares de comediantes e palhaços aos pacientes. O resultado foi a melhora na saúde, a diminuição de tempo médio de hospitalização e a redução de número de analgésicos. 1. Quero sugerir que você assista aos filmes de referência e discuta com seus colegas de grupo como o riso é levado a sério, reflita sobre a quebra de paradigmas, sobre como fazer coisas de forma diferente, propor desafios, mudanças, lições de vida, motivação, humanismo, questões sociais e comportamento de grupos.
Doutores da Alegria. Diretor: Mara Mourão. Ano: 2005. Gênero: documentário. Sinopse: o documentário mostra como a alegria e as brincadeiras engraçadas podem fazer bem e trazer um pouco mais de conforto aos pacientes. Apresenta uma proposta diferente para se trabalhar a felicidade com sensibilidade e humor.		

continua...

continuação.

Filmes de referência	Temas relacionados	Questões para debate
Cantando na Chuva. Diretor: Stanley Donen e Gene Kelly. Ano: 1952. Gênero: comédia musical. Sinopse: Don Lockwood (Gene Kelly) e Lina Lamont (Jean Hagen) são dois dos astros mais famosos da época do cinema mudo em Hollywood. O filme conta a passagem do cinema mudo para o sonoro, quando muitas estrelas perderam o valor por causa das vozes que não eram tão belas como suas imagens. Então Lockwood, com a ajuda de seu amigo Cosmo (Donald O'Connor) e da namorada Kathy (Debbie Reynoldys), tenta inventar um novo modo de contar histórias. Cantar, dançar e celebrar o sentido da vida por meio da dança. *Cantando na Chuva* é um dos clássicos musicais mais populares e aclamados de todos os tempos.	• Adaptação • Comunicação • Criatividade • Empreendedorismo • Motivação • Mudanças • Valores • Solidariedade • Inovação • Humanismo • Sentido da vida • Reaprendizagem	2. O filme todo é maravilhoso, mas quero destacar a famosa cena do filme da história do cinema, de 1h07min até 1h11min. Discuta com seus colegas de grupo a importância da motivação e do entusiasmo pela vida.

Capítulo 11

ROUPAS: COMO SE VESTIR

"Meu terno já virou estopa
E eu pergunto: com que roupa?

Com que roupa que eu vou...
Pro samba que você me convidou?
Com que roupa que eu vou...
Pro samba que você me convidou?"

Com que Roupa? – Noel Rosa

Objetivos de Aprendizagem

► Mostrar como a utilização de roupas e acessórios, se inadequados, pode competir e comprometer a mensagem da apresentação.

► Analisar a roupa no contexto da apresentação em grupo.

► Apontar os cuidados com a roupa para homens e mulheres.

► Compreender quando o momento exige algo formal ou informal.

► Decidir quando a roupa pode contribuir no contexto da apresentação acadêmica.

Roupas: Como se Vestir

Você já sabe o dia que vai realizar a sua apresentação, se planejou, se preparou, estudou bastante, então peço licença para parafrasear a pergunta da música de Noel Rosa: Com que roupa você vai para a sua apresentação acadêmica?

Não quero aqui lhe dizer como montar seu guarda-roupa, muito menos afirmar o que é certo ou errado na hora de se vestir e interferir no seu estilo. Se eu fizer isso, vou perder o foco e o objetivo deste manual, mas não posso deixar de falar sobre a importância da escolha de roupas e acessórios que você vai utilizar e como podem de alguma forma atrapalhar ou contribuir para o resultado final de sua apresentação acadêmica. As roupas também podem ser chamadas de vestuário ou trajes, têm seu uso por questões sociais e culturais, podendo ter outros objetos associados, chamados de acessórios. A utilização de roupas e acessórios, se inadequados, pode competir e comprometer a mensagem de sua apresentação. Ao final do capítulo, apresento algumas bibliografias que dão dicas e sugestões de como se vestir e combinar acessórios de homens e mulheres.

Na maioria das empresas existem o que chamamos de códigos de conduta para quais tipos de roupas podem ser utilizadas. Quando esse código de conduta é oficial, ou seja, formal, fica fácil identificar o modo que homens e mulheres se vestem nas empresas. A formalidade desse código de conduta pode ser realizada por meio de apresentação de algum tipo de manual, por escrito ou por orientação no momento em que o funcionário é contratado. Existem também situações em que as roupas usadas são informais, evitando conservadorismo, e para isso não há regras explícitas.

Curiosidade

Alguns significados para a palavra moda: do francês *mode*, substantivo feminino. **1.** Uso, hábito ou estilo geralmente aceito, variável no tempo e resultante de determinado gosto, ideia, capricho e das interinfluências do meio social, região etc. **2.** Uso passageiro que regula a forma de vestir, calçar, pentear etc. **3.** Arte e técnica do vestuário. **4.** Maneira, costume, feição, modo. **5.** Vontade, fantasia, capricho. **6.** Cantiga **7.** Canção típica do folclore português. **8.** Fenômeno social ou cultural, de caráter mais ou menos coercitivo, que consiste na mudança periódica de estilo e cuja vitalidade provém da posição social (FERREIRA, p. 1350).

Exemplos na Prática

Existem lugares, como escritórios de advocacia, tribunais, bancos, empresas de investimento, que consideram roupas como uma espécie de protocolo, exigindo algo mais tradicional, conservador, que inspire mais confiança, que sugira autoridade e competência. Se você é um aluno universitário de curso de Direito, é bom que se acostume a realizar suas apresentações de terno e gravata, fazendo disso um treino para intensificar e melhorar a cada nova apresentação acadêmica.

> "Sei que não sou santa, às vezes vou na cara dura
> Às vezes ajo com candura pra te conquistar
> Mas não sou beata, me criei na rua
> E não mudo minha postura só pra te agradar."
>
> **Garganta – Ana Carolina**

Alunos de cursos de Comunicação, Publicidade e Marketing geralmente participam de um ambiente mais "descolado", descontraído. Já para alunos de cursos de Moda e Decoração, o visual pode sugerir algo mais moderno e criativo.

Os hábitos praticados na vida profissional podem ser aplicados também na vida acadêmica. Mas não são regras, e sim exemplos nos quais, quando observados com certa sensibilidade, pode-se notar que pessoas pertencentes a um mesmo grupo tomam decisões semelhantes na hora de se vestir.

Decisão de Escolha da Roupa

Você pode tomar sua decisão sobre a escolha da roupa adequada baseando-se nos seguintes itens:

a. Não se esqueça quem você é.
b. Qual o lugar e a região onde está fazendo sua apresentação.
c. Como deseja que os outros lhe vejam.
d. Qual imagem que pretende transmitir.

e. Quais os seus reais objetivos com sua apresentação.

f. O que é mais importante em sua apresentação.

É comum as pessoas reagirem à aparência das outras de várias formas. No mundo dos negócios, dependendo da situação, as roupas aproximam ou afastam, a reação das pessoas é mais cruel e a qualidade do seu trabalho está relacionada à qualidade da sua aparência. Em apresentações acadêmicas isso às vezes pode não ser diferente.

Como se Vestir Quando a Apresentação é Realizada em Grupo

Quando a apresentação acadêmica for realizada por alunos do mesmo grupo, o cuidado deve ser dobrado e a forma de se vestir deve ser planejada. Já assisti a muitas apresentações acadêmicas. Lembro de grupos de alunos que estavam vestidos da seguinte forma: um integrante do grupo estava usando terno e gravata porque trabalhava trajado dessa forma e ia direto do trabalho para a faculdade vestido de tal maneira; já outro estava de calça jeans e boné; enquanto que outro estava com uma camisa do time de futebol do coração; e um deles vestia uma camiseta estampada da sua banda preferida de rock. Quem estava certo e errado? Não há uma resposta única, pois isso depende de vários fatores. O que acabou acontecendo é que havia um desequilíbrio visual impossível de não ser notado pelo público.

É preciso analisar quando o momento exige algo formal ou informal. Não cometa exageros. Roupas esporte, bermudas, jeans desbotados, chinelos rasteirinhas e de dedo devem ser utilizados para momentos de maior descontração. Também não vá se apresentar de terno e gravata em algum lugar onde as pessoas utilizam uniformes ou têm culturas e hábitos diferentes.

"Nem ao céu nem ao inferno", você precisa encontrar o ponto de equilíbrio e o momento que a roupa pode fazer a diferença para a sua apresentação acadêmica. A roupa deve contribuir no contexto da apresentação acadêmica.

Pode acontecer de você não se vestir adequadamente, mas, se a apresentação acadêmica for primorosa, alguns erros cometidos relacionados com roupa passarão despercebidos ou serão até aceitos por seu público, o que demonstra mais uma vez a importância de dominar o assunto que está sendo exposto.

Cuidados que Exigem um Pouco Mais de Atenção

Homens e mulheres devem ficar atentos ao que vestem. A roupa, quando bem escolhida, valoriza a apresentação. Alguns cuidados que devem ser considerados para ambos:

a. Não deixar botões abertos ou quebrados. Evite roupas amassadas ou apertadas.

b. Ao sentar-se, verificar se as meias estão bem esticadas, se não tem furos ou cores diferentes.

c. Cuidado ao portar acessórios que possam competir com sua apresentação, como pulseiras, correntes, anéis, relógios, chaveiros, óculos, canetas e objetos nas mãos etc., que ao gesticular acabam gerando algum tipo de barulho que chama atenção da plateia e atrapalha sua apresentação acadêmica.

d. Atenção aos perfumes com cheiros fortes, já que podem ser problemas para ouvintes alérgicos.

e. Se sua apresentação for realizada em pé, esteja confortável, evite desmantelos, como zíper aberto e cinto mal colocado.

f. Evite utilizar roupas com propaganda, estampas, imagens, mensagens ou símbolos de time de futebol que chamam atenção de forma desnecessária.

g. As chamadas "roupas temáticas", quando bem criativas e relacionadas com sua apresentação, são interessantes e bem apreciadas pelo público. Por exemplo, você e seu grupo vão apresentar um trabalho acadêmico sobre o tema liderança e decidem então que todos os participantes do grupo devem utilizar como roupa básica calça jeans e uma camiseta branca estampada com uma palavra ou frase de efeito relacionada ao tema liderança. Se isso faz parte de algum tipo de dinâmica, se bem elaborada, acaba contribuindo para o contexto da apresentação.

Para os Homens Existem Alguns Cuidados Especiais

a. Quando utilizar terno, evite meias brancas, pois o correto é usar meias da cor do terno, da cor da calça ou do sapato, que deve ser social.

b. O colarinho da camisa e dos punhos deve aparecer um pouco além da gola e dos punhos do terno.

c. As gravatas devem ser elegantes. Cuidado com gravatas com desenhos animados e engraçadas. Lógico que isso depende do seu estilo de se vestir. A ponta da gravata deve terminar na altura da fivela do cinto.

Para as Mulheres Existem Outros Cuidados Especiais

As mulheres, por terem mais opções que os homens, devem tomar cuidados redobrados relacionados:

a. Ao uso de saias, calças e bermudas muito curtas, justas demais e acima dos joelhos.

b. Aos furos na meia fina.

c. Aos decotes ousados.

d. Ao uso de brincos e joias grandes e chamativas. Opte por algo discreto.

e. Ao salto alto. De forma geral o salto alto torna a mulher mais elegante, mas, para quem vai ficar em pé em uma apresentação muito tempo, pode se tornar cansativo. A sugestão é um salto confortável.

f. Aos brilhos em excesso nas roupas que possam destoar com a apresentação.

g. À escolha das cores. Tenha bom senso levando em conta seu biotipo, considerando o que fica melhor para seu visual.

h. Ao penteado com muitos acessórios (presilhas, tiara, lenços extravagantes).

i. Ao *make*, que deve ser leve e não parecer pesado. Evite batons com cores muito fortes e extravagantes.

Sua Imagem

Evite a vulgarização de sua imagem. O modo como se veste pode exercer um impacto nas demais pessoas que estão assistindo à sua apresentação. A roupa passa a ser uma embalagem para você. A mulher deve ser vista por sua capacidade e condição intelectual e não somente por seus atributos físicos.

Tatuagens e piercings são aceitos de forma moderada, mas isso vai depender do público e dos objetivos que se deseja alcançar: eles não precisam se destacar mais que sua apresentação acadêmica. Portanto, pondere sua utilização.

O mundo mudou, os tempos são outros e as regras para as roupas hoje em dia são mais tolerantes que no passado. Atualmente, há mais espaço para que as pessoas possam expressar a própria personalidade, seu estilo de vida, através do que veste e dos acessórios que usa. Mas não se esqueça: roupas bonitas, caras, de grife, elegantes, conservadoras ou modernas não substituem uma boa apresentação acadêmica.

 Dica legal: a boa aparência tem mais a ver com bom gosto e bom senso do que com dinheiro. Vestir-se bem pode valorizar ainda mais seus pontos fortes.

Asseio e Higiene Pessoal

Estar bem asseado é tão importante quanto estar bem-vestido. A falta de asseio compromete a aparência pessoal, causa uma impressão negativa. O asseio pessoal deve ser considerado como parte de suas preocupações e indo além de um simples banho.

Cabelos bagunçados e despenteados, unhas sujas, barba por fazer estão relacionados ao asseio pessoal e comprometem o aspecto visual. Tanto a barba quanto o bigode podem fazer um homem jovem aparentar ser um pouco mais velho e sério. Não é apenas por uma questão de estilo, é mais que isso. Barbas exigem mais tratamentos e cuidados especiais, pois é preciso mantê-las sempre limpas e bem tratadas.

> "Cabelo pode ser cortado
> Cabelo pode ser comprido
> Cabelo pode ser trançado
> Cabelo pode ser tingido
> Aparado ou escovado
> Descolorido, descabelado
> Cabelo pode ser bonito
> Cruzado, seco ou molhado."
>
> **Cabelo – Gal Costa**

Resumo do Capítulo

a. A utilização de roupas e acessórios, se inadequados, pode competir e comprometer a mensagem de sua apresentação acadêmica.

b. Veja se há regras e protocolos no tipo de apresentação que vai realizar.

c. Se a apresentação for realizada em um grupo de alunos, procure sintonia no tipo de roupa a ser utilizada.

d. Identifique se há exigência de roupas formais ou informais.

e. Roupa não substitui a preparação e o domínio sobre o assunto exposto.

f. Escolha bem o que vai utilizar.

g. Homens e mulheres devem ficar atentos aos acessórios que competem com a sua apresentação pessoal.

h. Os tempos são outros, não precisa ser radical, há espaço para todos.

i. Cuide de sua aparência e higiene pessoal.

Nem sempre a mesma roupa vai servir para todos os lugares e para todas as ocasiões, mesmo que a apresentação acadêmica tenha o mesmo formato e conteúdo.

 Dica legal: reflita bastante sobre o que vai vestir, considere a região que está e qual imagem você pretende projetar. Seja você mesmo. Sempre que tiver dúvidas não hesite em perguntar para alguém ou realizar pesquisas. Não ostente grifes, joias ou acessórios como se fossem mais importantes que sua apresentação.

Sarau Acadêmico

Curiosidade

Da Renascença até a segunda metade do século XIX, homens e mulheres se vestiam de forma extravagante e fantasiosa. Roupas eram símbolos de *status*, ostentavam prestígio e poder, de diferenciação e de ousadia da nobreza. Quando a burguesia endinheirada tentava copiá-los, partiam rápido para outras modas, deixando claro que eram inimitáveis. Esse jogo de corre-corre durou até o puritanismo da Era Vitoriana, na Inglaterra dos anos 1830, que, juntamente com a Revolução Industrial, provocou toda uma mudança de comportamento e de valores.

Os homens renunciaram às pompas da exterioridade – o que foi chamado de "a grande renúncia". Colocaram os símbolos do poder em outros atributos: inteligência, sobriedade e capacidade de trabalho. As mulheres tomaram conta da vaidade, terreno que antes compartilhavam com seus homens. Essa atitude veio perdurando até pelo menos os anos 60, quando uma nova onda de renovação varreu o mundo e os ventos da liberdade voltaram a movimentar o panorama dos costumes. Mas ainda hoje, grande parte dos homens, a questão da beleza masculina esbarra nessa trava de conservadorismo, resíduo da Era Vitoriana. Para os homens, beleza tem que ser a mais natural possível e tratada a uma certa distância (KALIL, 2011, pág. 51).

Sugestões de leitura

AGUIAR, T. *Acessórios*: **por que, quando e como usá-los**. São Paulo: Senac, 2008.

A obra esclarece dúvidas sobre adequação de roupa ao tipo físico, possíveis opções para nó de gravata, como combinar cores e materiais de diferentes acessórios, definição de estilo pessoal, planejamento de guarda-roupa, acessórios masculinos, entre outras dicas e sugestões.

KALIL, G. *Chic homem*: **manual de moda e estilo.** São Paulo: Senac, 2011.

O livro dá dicas de roupa para festa, casamento ou na hora de fazer as malas para uma viagem. É um livro que serve como um *personal stylist* para a leitora, trazendo dicas e comentários seguros para se construir um estilo pessoal que evidencie a individualidade de cada uma, valorizando os seus pontos fortes e usando a moda sempre a seu favor.

LEÃO, C. P. de S. ***Boas maneiras de A a Z*: dicas básicas para um comportamento social adequado.** 23. ed. São Paulo: STS, 2002.

O livro trata de etiqueta de boas maneiras e apresenta normas básicas de conduta e modo de agir socialmente adequados de forma simples e objetiva.

MAGAZINE, E. ***Manual de estilo*: um guia para homens de boa aparência**. São Paulo: Nacional, 2012.

É um manual sobre como se vestir bem sem precisar gastar muito dinheiro e utilizar regras rígidas. Apresenta sugestões para o uso de terno, camisa, calça social, jeans, sapatos, acessórios – como gravatas – cuidados pessoais e outros muito importantes voltados para o público masculino. Há também dicas de lavagem a seco, como remover manchas e conservar melhor suas roupas.

Espaço musical

Pesquise na internet os links com as letras das músicas a seguir:

a. **Cabelo** – Gal Costa. Disponível em: <http://letras.mus.br/gal-costa/103741/>. Acesso em: 05 nov. 2016.

b. **Masculino e Feminino** – Pepeu Gomes. Disponível em: <http://www.vagalume.com.br/pepeu-gomes/masculino-e-feminino.html>. Acesso em: 11 out. 2016.

c. **Roupa Velha Colorida** – Belchior. Disponível em: <http://letras.mus.br/belchior/44464/>. Acesso em: 20 abr. 2016.

d. **Vesti Azul** – Wilson Simonal. Disponível em: <http://letras.mus.br/wilson-simonal/143591/>. Acesso em: 12 nov. 2016.

Após escutar e curtir as músicas, faça uma analogia das letras com o capítulo apresentado.

Sessão pipoca

Após assistir aos filmes sugeridos no Quadro 11.1, você pode discutir e relacionar os vários temas com a aparência pessoal.

Quadro 11.1 Roteiro para discussão de analogia de filmes relacionados com aparência pessoal

Filmes de referência	Temas relacionados	Questões para debate
O Diabo Veste Prada. Diretor: David Frankel. Ano: 2006. Gênero: comédia dramática. Sinopse: Andrea Sachs (Anne Hathaway) é uma jovem que conseguiu um emprego na Runaway Magazine, a mais importante revista de moda de Nova Iorque. Ela passa a trabalhar como assistente de Miranda Priestly (Meryl Streep), principal executiva da revista.	• Adaptação • Criatividade • Empreendedorismo • Competição • Comportamento • Desafio • Ética • Equipe • Mudanças • Liderança • Motivação • Poder • Persistência • Preconceito • Trabalho • Superação de limites e obstáculos • Valores	1. O que Andrea fez, em sua entrevista de emprego, que foi determinante para sua contratação por Miranda? 2. Andrea promoveu uma profunda mudança em sua aparência para se adequar ao padrão da empresa que ela faria parte. Você acha que essa atitude deve ser tomada por um novo funcionário da empresa? 3. Andrea mudou sua aparência, mas será que apenas isso garantiu sua permanência na empresa? O que mais você acha que ela modificou?
Uma Linda Mulher. Diretor: Garry Marshall. Ano: 1990. Gênero: comédia/romance. Sinopse: a prostituta Vivian (Julia Roberts) e o milionário Edward (Richard Gere) encontram-se por acaso em uma rua de Los Angeles nos EUA. Edward estava na cidade há negócios e resolve contratá-la não somente para sexo, mas para lhe fazer companhia. Edward se envolve com Vivian e percebe que ela tem uma história de vida muito triste, além de ser jovem e bonita.		4. Vivian recebeu treinamento de etiqueta durante o tempo em que estava no hotel. Qual era o objetivo desse treinamento? Como isso mudou sua postura? 5. Por que as vendedoras colocaram a moça para fora da loja? 6. Qual foi o erro das vendedoras quando fizeram isso? 7. A forma que a pessoa se veste pode afetar seu sucesso em uma apresentação acadêmica?

Capítulo 12

INICIANDO SUA APRESENTAÇÃO ACADÊMICA

"Quem não tem teto de vidro que atire a primeira pedra
Quem não tem teto de vidro que atire a primeira pedra
Quem não tem teto de vidro que atire a primeira pedra
Quem não tem teto de vidro que atire a primeira pedra."

Teto de Vidro - Pitty

Objetivos de Aprendizagem

► Mostrar como iniciar a sua apresentação acadêmica e cumprimentar a plateia.

► Listar um breve resumo, com os principais objetivos, o tema do assunto que será abordado, o tempo de exposição e outras informações importantes.

► Indicar como se preparar para responder às perguntas da plateia.

► Apontar como fazer perguntas para a plateia.

Iniciando sua Apresentação Acadêmica

Chegou o momento de colocar em prática todo o planejamento de sua apresentação acadêmica, expor a preparação do assunto, utilizar os recursos de forma adequada e cativar seu público. A experiência é que vai fazer a diferença entre uma e outra apresentação. Aproveite cada apresentação realizada como se fosse a primeira vez. A evolução de melhoria será gradativa e vai depender do tempo, da dedicação e do esforço pessoal.

Você pode iniciar sua apresentação da seguinte forma:

a. Cumprimentando sua plateia, com "bom dia", "boa tarde" ou "boa noite", conforme o momento.

b. Apresente-se para sua plateia, fazendo um breve resumo de sua apresentação, com os principais objetivos, o tema do assunto que será abordado, o tempo de exposição e outras informações que julgar importantes.

c. Se for preciso, tenha em mãos um roteiro de sua apresentação para evitar lhe "dar um branco", esquecer de falar algo importante.

d. Escreva as palavras e frases na sequência, tenha anotações de dados, números, datas, caso sejam importantes a sua exatidão. Se precisar mesmo de roteiro, e se ele for de papel, utilize um tamanho menor para não dar a impressão que você está lendo o que está sendo falado. Utilize tamanho de 11cm X 15cm aproximadamente. Ao segurar o roteiro, o lado que fica virado para sua plateia deve estar personalizado com o tema de sua apresentação, figuras etc.

e. Se desejar pode fazer uso também de tablet. Apenas não fique olhando muito para o equipamento, pois ele é apenas suporte em caso de esquecimento do roteiro.

Existem situações em que muitos participantes da plateia não o conhecem, por isso a necessidade de se apresentar. É um protocolo que você deve praticar sempre.

Situações como chuva, frio, trânsito, dificuldade de locomoção, pessoas que vieram de longe e outros sacrifícios que as pessoas enfrentaram para estarem presentes na apresentação, podem ser reconhecidas como esforços, merecendo um elogio por parte do apresentador. Mas lembre-se, isso tem que ser verdadeiro e não forçado apenas para ganhar simpatia com a plateia.

Respondendo a Perguntas da Plateia

Esteja preparado para defender suas posições dentro do assunto exposto, afinal, foi para isso que você se preparou. Quando alguém de sua plateia perguntar algo, use e considere as seguintes técnicas:

a. Ao concordar ou discordar, procure sempre fundamentar o assunto questionado.

b. Fale quando souber, escute quando não souber, pois podem existir pessoas em sua plateia que dominam o assunto exposto igual ou até mais que você.

c. Jamais utilize mentiras ou invente uma resposta. Nem sempre todas as respostas podem ser dadas em determinadas situações, pois podem exigir pesquisa posterior por parte do apresentador.

d. Verifique se a pergunta é pertinente ao momento da palestra. Caso não tenha relação com o assunto exposto, explique que responderá em outro momento, anotando o nome da pessoa que fez o questionamento.

e. Seja prático ao explicar, nada de ser prolixo. Existem explicações que muitas vezes causam verdadeiros tédios, irritando a plateia. Além disso alguém pode não estar compreendendo o que está sendo transmitido.

f. Não se deixe levar pela emoção ou ansiedade de contra-argumentar. Às vezes é melhor anotar o que pensa e responder depois.

g. Evite tirar conclusões ou fazer análises precipitadas com expressões de reprovação, de discordância ou censura às respostas. Mesmo que erradas, espere o momento certo para contra-argumentar.

h. Não ignore nenhuma informação ou dado por situações que possam acontecer, como não gostar da pessoa que está fazendo a pergunta ou estar sendo provocado. Existem situações em que as perguntas podem ser realizadas como forma de irritar o apresentador e consequentemente desestabilizá-lo. Evite conflito, já que podem haver reações imprevisíveis. O importante é que você mantenha a calma e o foco na apresentação para toda a sua plateia.

i. Não dê respostas com ironia ou fazendo pouco caso somente por que não gosta de determinado tipo de pergunta. Você pode estar sendo testado sobre o conhecimento do assunto exposto por algumas pessoas da plateia.

j. Se o tempo exceder ou for reduzido – às vezes por sua apresentação ser parte de uma sequência de apresentações – ou se a quantidade de perguntas for grande, se possível peça para alguém filtrar aquelas que são mais comuns. Se não for possível responder no dia, apresente seu e-mail ou algum meio de comunicação e se comprometa a responder posteriormente. Assim você cumpre o horário e respeita a organização como um todo.

k. Combine com sua plateia se você vai permitir perguntas durante ou somente após o término da apresentação. Certas apresentações podem ter mais ou menos interrupções, dependendo do tipo de assunto exposto, por isso a necessidade de combinar antes.

l. Em apresentações de monografia, TCC, dissertações de mestrado e teses de doutorado, de forma geral, os questionamentos são realizados ao final e reservados apenas aos participantes da banca de apresentação.

Fazendo a Plateia Participar por Meio de Perguntas

Fazer perguntas para seu público é mais uma forma de dinamizar sua apresentação acadêmica, além de motivá-lo a sair da situação de espectador para participante. Até aqueles mais distraídos vão passar a prestar mais atenção. A pergunta bem-feita promove a discussão do grupo, pode ser feita para todos e você ainda pode escolher qualquer pessoa para responder. Você também pode permitir que mais pessoas respondam, fazendo com que todos possam escutar opiniões e respostas diferentes, mas atenção ao utilizar técnicas de perguntas como forma de motivar seu público a participar:

Alguns cuidados quando formular perguntas para o público:

a. Não faça perguntas tolas que não tenham relação com sua apresentação.

b. Não conduzir bem suas perguntas pode transformar sua apresentação em uma feira livre, causando certos conflitos e bagunça.

c. Jamais faça perguntas maldosas que possam ter duplo sentido, causando algum tipo de constrangimento aos seus participantes.

d. Evite fazer perguntas em que as respostas podem ser apenas sim e não. Isso não acrescenta absolutamente nada.

e. Não faça perguntas que já contenham a resposta.

f. Certifique-se que ninguém ficou com dúvida e de que a plateia entendeu a sua pergunta.

g. Valorize todas as participações, comente todas as respostas, permita o mínimo de tempo suficiente para a resposta.

h. Como toda apresentação tem início, meio e fim, veja o momento ideal e adequado para se fazer uma pergunta ao público.

 Dica Legal: seja ético e educado acima de tudo, jamais deixe alguém constrangido, não se deixe levar por provocações, pois essas atitudes certamente demonstram muito respeito e empatia com seu público.

Sarau Acadêmico

Espaço musical

Pesquise as letras das músicas na internet nos links a seguir:

a. Não Vou Me Adaptar – Arnaldo Antunes. Disponível em: <http://www.vagalume.com.br/arnaldo-antunes/nao-vou-me-adaptar.html>. Acesso em: 11 out. 2016.

b. Teto de Vidro – Pitty. Disponível em: <http://www.vagalume.com.br/pitty/teto-de-vidro.html>. Acesso em: 11 out. 2016.

c. Todos os Verbos – Zélia Duncan. Disponível em: <http://www.letras.com.br/#!zelia-duncan/todos-os-verbos>. Acesso em: 11 out. 2016.

Após escutar e curtir as músicas, faça uma analogia das letras com os estudos apresentados no capítulo. Compartilhe a sua opinião e realize um debate com seus colegas de classe.

Sessão pipoca

Após assistir ao filme sugerido conforme o Quadro 12.1, você pode debater e relacionar vários temas fazendo analogias com como iniciar uma apresentação acadêmica.

Quadro 12.1 Roteiro para discussão de analogia de filme com como iniciar uma apresentação acadêmica

Filme de referência	Temas relacionados	Questões para debate
O Discurso do Rei. Diretor: Tom Hopper. Ano: 2010. Gênero: drama. Sinopse: desde os 4 anos, George (Colin Firth) é gago. Este é um sério problema para um integrante da realeza britânica, que frequentemente precisa fazer discursos. George procurou diversos médicos, mas nenhum deles trouxe resultados eficientes. Quando sua esposa, Elizabeth (Helena Bonham Carter), o leva até Lionel Logue (Geoffrey Rush), um terapeuta de fala de método pouco convencional, George está desesperançoso. Lionel se coloca de igual para igual com George e atua também como seu psicólogo, de forma a tornar-se seu amigo. Seus exercícios e métodos fazem com que George adquira autoconfiança para cumprir o maior de seus desafios: assumir a coroa, após a abdicação de seu irmão David (Guy Pearce).	• Desafio • Aprendizagem • Comunicação • Assunção de riscos • Conflito • Competição • Diferenças sociais • Ética • Motivação • Padrões • Persistência • Preconceito • Treinamento • Autoestima	1. Discuta com seus colegas qual a forma ideal para se apresentar para a plateia. 2. Quais palavras podem ter mais efeito no início e no final de uma apresentação? 3. Quando alguém da plateia lhe desafiar porque domina o assunto que você está apresentando, como evitar o confronto direto?

Capítulo 13

COMUNICAÇÃO

Objetivos de Aprendizagem

► Conceituar o processo de comunicação.
► Mostrar como transmitir uma mensagem utilizando métodos convencionais, como código verbal, escrito e de linguagem não verbal.

Comunicação

A comunicação, de forma geral, pode ser definida como o processo de transmitir uma informação de uma pessoa para outra. Consiste na transmissão e recepção de mensagens utilizando métodos ou processos convencionados.

Para transmitir uma mensagem podemos utilizar código verbal, denominado linguagem falada; código escrito (palavras), com representação gráfica; e código de linguagem não verbal, reunindo as demais manifestações expressas por meio do corpo, da postura ou de qualquer outra forma de comunicação que não seja pela palavra falada ou escrita.

A comunicação é o canal pelo qual os padrões de vida são transmitidos. Através da comunicação é que aprendemos a ser membros de uma família, de um grupo de amigos, aprendemos a adquirir crenças, valores, cultura e a entender como está organizada a sociedade em que vivemos.

O tom das palavras, o movimento de nosso corpo, o riso, a roupa que vestimos, a forma de olhar, os gestos com as mãos, as revistas, os jornais e livros, as teleconferências, a palestra que assistimos, um jogo de futebol, o discurso político e religioso, o bate-papo com os amigos e a família, um telejornal, uma novela, um filme, uma peça de teatro, o simbolismo que um anel de casamento representa, a Bandeira e o Hino Nacional, as datas comemorativas, a utilização de crachá e uniformes nas empresas, as redes sociais, como Twitter e Facebook, tudo tem comunicação.

A importância de selecionar adequadamente os recursos e a linguagem que desejamos utilizar para expressar e transmitir nossa mensagem ao público-alvo será o grande diferencial para obtermos sucesso em nossa apresentação acadêmica. Utilizamos a comunicação como forma de interagir socialmente. No processo de comunicação sempre será necessário dois lados: um emissor e um receptor, demonstrado na Figura 13.1.

Figura 13.1 Processo de comunicação

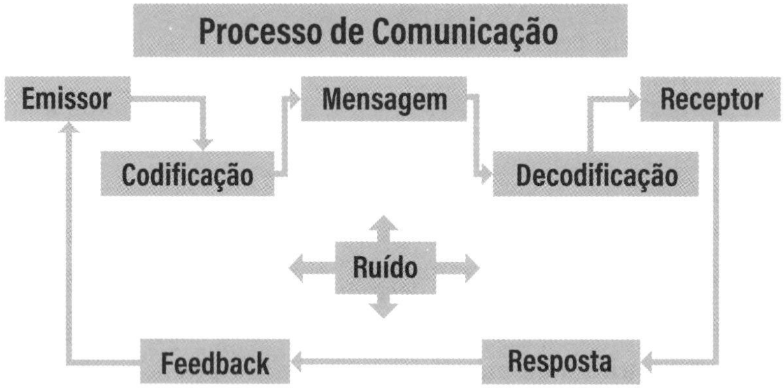

O processo de comunicação começa quando:

a. O emissor pensa em uma mensagem que ele deseja transmitir para alguém. O emissor nesse caso é o orador, o apresentador da apresentação acadêmica.

b. O próximo passo é a codificação da mensagem. Codificação significa apresentação de uma mensagem em forma verbal (escrita ou falada) ou simbólica, que pode ser reconhecida ou compreendida pelo receptor, que podemos definir como seu público.

c. O emissor, em seguida, transmite a mensagem pelos canais de comunicação através de oratória, realizando dinâmicas, gestos e postura, que são os recursos utilizados para o envio da mensagem.

d. O receptor recebe a mensagem e vai decodificá-la. Decodificar é o processo pelo qual o receptor traduz a forma escrita, falada ou simbólica de uma mensagem que possa ser compreensível e interpretada.

e. *Feedback* ao emissor é a mensagem dirigida ao emissor no processo de comunicação indicando a compreensão da mensagem pelo receptor.

f. Ruído é tudo o que interfere na transmissão da mensagem desejada. O ruído pode acontecer se o emissor não enviar a mensagem adequadamente; se a mensagem não foi codificada adequadamente; se a escolha do canal de comunicação foi inadequada; se a mensagem não foi recebida ou decodificada adequadamente; se o receptor não conseguiu compreender a mensagem. Fazendo uma analogia, o ruído em sua apresentação acadêmica significa que a mensagem não está sendo compreendida pelo seu público.

Para que a mensagem possa ser enviada e compreendida da forma que gostaríamos, precisamos estar conscientes que as pessoas não são iguais. A compreensão da mensagem está sujeita às diferenças, às experiências de vida e à percepção de mundo que cada indivíduo carrega consigo. O treinamento constante de suas apresentações acadêmicas vai levá-lo cada vez mais a se comunicar melhor com seu público, conseguindo exercer um certo poder sobre a comunicação.

 Dica legal: a comunicação está presente em todos os dias de nossa vida, sendo uma necessidade básica do homem. A capacidade de transmitir suas ideias para alcançar objetivos e interagir com seu público é uma habilidade que deve ser desenvolvida e que com certeza vai fazer a diferença em suas apresentações acadêmicas.

Sarau Acadêmico

Sugestões de leitura

BORDENAVE, J. E. D. *O que é comunicação.* São Paulo: Brasiliense, 2006.

O livro mostra os principais tópicos para compreensão da comunicação. O autor utiliza uma linguagem simples, com exemplos do dia a dia, demonstrando como a sociedade faz uso da comunicação para suas decisões e quais os meios mais utilizados para estabelecer relacionamentos.

MACHADO, A. A. *A comunicação com o público.* Rio de Janeiro: Qualitymark, 2005.

O livro explica como as pessoas podem se relacionar melhor com seu público por meio de uma comunicação prática e objetiva. A autora, que tem experiência como fonoaudióloga, apresenta algumas técnicas de relaxamento para o bom uso do corpo e condições fonoarticulatórias do apresentador.

PASSADORI, R. *Quem não comunica não lidera.* São Paulo: Atlas, 2012.

A obra apresenta técnicas e recursos eficazes para o aperfeiçoamento da comunicação. O diferencial deste livro é que o autor aborda a importância da boa comunicação como fator de liderança, tema muito discutido nas empresas.

Espaço musical

Pesquise na internet as letras das músicas nos links a seguir:

a. **Pela Internet** – Gilberto Gil. Disponível em: <https://www.letras.mus.br/gilberto-gil/68924/>. Acesso em: 24 jul. 2016.

b. **Televisão** – Titãs. Disponível em: <https://www.letras.mus.br/titas/49002/>. Acesso em: 24 jul. 2016.

c. **Vox Populi** – Ana Carolina. Disponível em: <http://www.vagalume.com.br/ana-carolina/vox-populi.html>. Acesso em: 11 out. 2016.

Após escutar e curtir as músicas, faça uma analogia das letras com os princípios básicos da comunicação apresentados neste capítulo. Compartilhe a sua opinião e realize um debate conforme as sugestões do Quadro 13.1 com seus colegas de classe.

Quadro 13.1 Roteiro para analogia de músicas com a comunicação

Música e autor	Questões para debate
Pela Internet - Gilberto Gil	1. Como a tecnologia de videoconferência, internet, Twitter, Facebook e outras mídias sociais que você conhece favorece a comunicação em nossa sociedade?
	2. Através das redes sociais, o usuário expressa e recebe de outros usuários opiniões, sentimentos, ideias, atitudes, comportamento, sendo mais uma forma de comunicação. A força e o crescimento da internet, das mídias sociais e do comércio eletrônico fazem parte das grandes discussões e preocupações da sociedade quando relacionadas às questões éticas, de privacidade e segurança de informações. Como devemos lidar com as novas tendências de comunicação? Quais os riscos de utilizar a comunicação de forma inadequada?
Televisão - Titãs	3. Como a comunicação pode ser utilizada como fator de alienação e manipulação?
Vox Populi - Ana Carolina	4. Muitas vezes a comunicação de fatos e acontecimentos pode ser deturpada, manipulada e modificada conforme interesses de grupos e pessoas. O que você faz para checar se uma informação está certa ou errada, se não é um boato ou se há má-fé e interesses pessoais?

Sessão pipoca

Após assistir aos filmes sugeridos no Quadro 13.2, você pode discutir e relacionar as questões para debate com o capítulo de comunicação.

Quadro 13.2 Roteiro para discussão de analogia de filmes relacionados com comunicação

Filmes de referência	Temas relacionados	Questões para debate
Abril Despedaçado. Diretor: Walter Salles. Ano: 2001. Gênero: drama. Sinopse: Tonho (Rodrigo Santoro), filho do meio da família Breves, é impelido pelo pai (José Dumont) a vingar a morte do seu irmão mais velho, vítima de uma luta entre famílias da região pela posse de terra. Tonho questiona a lógica da tradição e da perpetuidade do paradigma. O filme retrata as lutas de famílias que aconteceram no Brasil e aponta o que ocorre quando há ausência do Estado como regulador. O filme mostra as mulheres da família, que são conformistas, latifundiárias decantes e em ascensão.	• Comunicação • Comportamento • Criatividade • Adaptação • Sensibilidade • Diferenças sociais • Alienação • Competição • Trabalho • Poder • Equipe	1. Muitas cenas podem ser interpretadas pelas expressões de olhar e pelos silêncios das pessoas que não tinham sequer capacidade de verbalizar os sentimentos. A sugestão é debater sobre as diversas formas de comunicação não verbal identificadas no filme.
Escola da Vida. Diretor: William Dear. Ano: 2005. Gênero: drama. Sinopse: o Sr. D. (Ryan Reynolds) é o novo professor da cidade. Ele é bonito, simpático e adorado por todos os alunos da Escola Fallbrook Middle. Ele também faz sucesso com os colegas mestres, com exceção de Matt Warner (David Paymer), o professor de Biologia do colégio. Werner está determinado a ganhar o Prêmio de Professor do Ano, mas teme perder sua chance para o novo e admirado educador.		2. O personagem dá um show de comunicação: utiliza empatia, criatividade, bom humor, emoção, estímulo intelectual, enfim, vários recursos necessários para envolver e encantar seus alunos. O que o diferencia de outros professores da escola?

Tempos Modernos. Diretor: Charles Chaplin. Ano: 1936. Gênero: comédia. Sinopse: um operário (Charles Chaplin) de uma linha de montagem, que testou uma "máquina revolucionária" para evitar a hora do almoço, é levado à loucura pela "monotonia frenética" do seu trabalho. Após um longo período em um sanatório ele fica curado de sua crise nervosa, mas desempregado. Ele deixa o hospital para começar sua nova vida, mas encontra uma crise generalizada e equivocadamente é preso como um agitador comunista, que liderava uma marcha de operários em protesto. Simultaneamente uma jovem (Paulette Goddard) rouba comida para salvar suas irmãs famintas, que ainda são bem garotas. Elas não têm mãe, e o pai delas está desempregado, mas o pior ainda está por vir, pois ele é morto em um conflito. A lei vai cuidar das órfãs, mas enquanto as menores são levadas a jovem consegue escapar.

- Comunicação
- Comportamento
- Criatividade
- Adaptação
- Sensibilidade
- Diferenças sociais
- Alienação
- Competição
- Trabalho
- Poder
- Equipe

3. Sempre utilizo este filme para complementar minhas aulas de disciplinas de Administração, relacionando temas, como produtividade, alienação do trabalhador e questões sociais. Por meio deste clássico do cinema mudo, quero convidá-lo a "enxergar" a comunicação de outra forma, inclusive em preto e branco), o que não é comum para os dias atuais. Após assistir ao filme, procure identificar a linguagem não verbal, como gestos, postura do corpo, e sinais, como forma de enviar uma mensagem para se comunicar.

Capítulo 14

A LINGUAGEM CORPORAL E POSTURAL

"Teus sinais
Me confundem da cabeça aos pés
Mas por dentro eu te devoro
Teu olhar
Não me diz exato quem tu és
Mesmo assim eu te devoro
Te devoraria a qualquer preço
Porque te ignoro ou te conheço."

Eu Te Devoro - Djavan

Objetivos de Aprendizagem

- ▶ Mostrar como utilizar a linguagem corporal e ter uma postura adequada como estratégia de comunicação para melhor compreensão e percepção da mensagem ao público.
- ▶ Listar dicas básicas de posturas e gestos na exposição do conteúdo.
- ▶ Ressaltar gestos mais comuns realizados com as mãos.
- ▶ Apontar a estratégia de não ficar parado muito tempo durante a apresentação.

A Linguagem Corporal e Postural

Utilizar a linguagem corporal e uma postura adequada é uma estratégia que pode ser utilizada em suas apresentações acadêmicas como meio de comunicação para melhor compreensão e percepção da mensagem ao seu público.

Para os estudiosos sobre a linguagem corporal, as interações pessoais são mais influenciadas pelos meios de comunicação não verbal que pela comunicação verbal. As mensagens não verbais influenciam em cerca de 90% na avaliação das pessoas. Muitos oradores reforçam a mensagem não verbal por meio de gestos teatrais, procurando transmitir muito mais emoção que informação.

A comunicação não verbal é bastante abrangente. Podemos identificá-la através de gestos, movimentos corporais, expressões faciais, pelo olhar e pela postura do corpo, que podem acompanhar as falas.

Muitos gestos e posturas podem contribuir com a apresentação da comunicação de seu tema. Você não precisa realizar sua apresentação acadêmica como se fosse um robô, porém não faça nada exagerado, realize gestos moderados e controlados.

Cuidados com a Postura e os Gestos

Com dicas básicas, você pode cuidar de sua imagem e postura em suas apresentações acadêmicas, tendo alguns cuidados como:

a. Se ficar de pé, procure ficar com o corpo ereto mantendo uma postura mais confiante e elegante, em local bem visível. Não dê as costas para seu público.

b. Se ficar sentado e com pernas à mostra, evite cruzar e descruzar as pernas a todo instante ou balançar os pés.

c. Não fique com a cabeça baixa e com o corpo curvado transparecendo desmotivação ou desinteresse.

d. Cuide para que a cabeça não fique muita ereta, indicando uma certa soberba e prepotência.

e. Evite colocar as mãos no bolso, principalmente se existirem chaves ou objetos que geram algum tipo de barulho que acabam competindo com sua apresentação.

f. Não abra ou feche demais as pernas e nem fique apoiado muito tempo sobre a mesma perna. O ideal é procurar alternar o apoio.

g. Procure não apontar o dedo para ninguém, pois esse tipo de gesto passa a impressão de algo grosseiro, agressivo e com um certo grau de autoritarismo. Muitas pessoas ficam incomodadas com esse tipo de gesto, principalmente quando o dedo apontando está sendo balançado pelo apresentador na direção de alguém.

h. Se tiver que apontar para alguém, utilize a palma da mão inteira na vertical, aberta e para cima. Esse gesto é percebido com mais respeito.

i. Evite contato físico com seu público, como tapinhas nas costas ou colocar a mão no ombro, exceto em situações especiais.

j. Evite portar algum tipo de caneta ou objeto na mão, transformando-os em uma espécie de "espada de gladiador".

k. Cuide com atitudes de comportamento vicioso ou cacoetes e manias, como passar as mãos nos cabelos, segurar a orelha, roer as unhas, mexer no relógio a todo momento, empurrar ou arrumar os óculos com o dedo indicador, segurar anéis dos dedos ou ajustar roupas na frente de seu público. Esses tipos de atitude chamam atenção e podem demonstrar nervosismo.

l. Utilizar o laser pointer como se fosse um "show pirotécnico" para indicar o item que está sendo abordado.

m. Portar-se inadequadamente mascando chicletes, balas ou comendo durante a apresentação.

n. Fumar durante a apresentação.

o. Deixar o celular à mostra e ligado (nada mais chato, deselegante, impróprio, ruim, de mau gosto). Na minha opinião, todos os aparelhos de telefones celulares deveriam ser acompanhados de manual de etiqueta com orientações de como fazer melhor a sua utilização.

Quando tiver a oportunidade de participar de palestras e eventos como espectador, anote e estude gestos e posturas dos apresentadores. Relacione os pontos positivos e negativos, veja o que é inspirador para suas apresentações e o que deve evitar fazer.

Utilizando Gestos em suas Apresentações Acadêmicas

Os gestos podem ser utilizados para transmitir sentimentos, intenções e ideias, são movimentos do corpo. Quando bem utilizados são um complemento, ressaltam mais o que se pretende dizer da mensagem.

Muitos gestos são iguais e compreendidos por outras pessoas de outras culturas, como o gesto com a mão de comer, beber, pedir uma conta ao garçom "simulando" com uma das mãos como se estive escrevendo com uma caneta sobre a outra mão aberta.

O objetivo do gesto também é de substituir a fala. Os gestos são bastante utilizados para ressaltar aquilo que se pretende dizer. O bom orador utiliza muito os gestos em favor de seus discursos para enfatizar melhor sua mensagem e fala.

Conheça algumas sugestões sobre a gesticulação, procurando tomar cuidado com alguns fatores como:

a. Gesticulação em excesso com braços, derrubando objetos, batendo nas pessoas ou até fazendo gestos considerados obscenos.

b. Cada cultura tem gestos e significados diferentes que mudam conforme o país. Em alguns países, fazer o sinal de figa é uma forma de expressão relacionada à sorte, em outros países isso tem um significado sexual.

c. Os gestos devem ser acima da linha da cintura e deve-se evitar gesticular na altura da cabeça, pois impede a leitura de nossos lábios e a visibilidade da mímica facial, muito importante para portadores de deficiência auditiva, que podem estar em sua plateia.

d. Os gestos são interessantes quando desejamos enfatizar alguma palavra ou nos comunicar. Suponhamos que você diga: "A economia do mundo em que vivemos está globalizada...". Como você poderia expressar a frase em gestos? Você poderia, no momento em que fala a palavra mundo, fazer o gesto de um círculo (que representaria a terra) com as mãos, olhando para a sua plateia. Agora se você dissesse: "Economizar mensalmente algum dinheiro para não pagar juros altos", como gesticular a frase? Uma opção é esfregar o dedo indicador com o polegar em movimentos rápidos. Isso ajuda a reforçar mais a ideia principal.

e. Os gestos devem ser realizados antes ou simultaneamente com sua fala, harmônicos com o tom de voz, com naturalidade, não podem parecer algo artificial e forçado que possa ser notado pelo seu público.

Gestos das Mãos: Como Podem Ajudar

Os movimentos das mãos, entre outros gestos, têm uma posição de destaque, pois as mãos desempenham um papel importante em qualquer tipo de comunicação. O uso das mãos para comunicar a sua mensagem pode transmitir mais intensidade, enfatizando as palavras de sua apresentação acadêmica. Elas são a parte do corpo humano mais expressiva em se tratando de linguagem corporal.

Tanto palestrantes experientes quanto as pessoas que demonstram sinais de nervosismo em suas apresentações gesticulam muito com as mãos: a diferença é o resultado que cada um obtém. O palestrante experiente e bem treinado utiliza os movimentos das mãos como extensão de suas palavras, transmitindo confiança e motivando sua plateia a ficar interessada no assunto exposto, já a pessoa que apresenta sinais de nervosismo acaba fazendo gestos com as mãos indesejáveis e involuntários que muitas vezes se confundem com a comunicação da mensagem.

Sempre ficamos atentos às mãos de outras pessoas que acabam influenciando a nossa opinião sobre seu dono. As mãos podem demonstrar o nosso bem-estar, por isso é importante que estejam sempre limpas. Para profissionais que expõem suas mãos, como a área de saúde (médicos), alimentação (cozinheiros e atendentes de restaurante), gestores de finanças (manuseiam papéis), vendedores (demonstram produtos e serviços), entre outros, o cuidado passa a ser redobrado. Se você vai realizar uma apresentação acadêmica, suas mãos vão ficar expostas, não é diferente, por isso fique atento.

Gestos Mais Comuns com as Mãos

Aprenda a utilizar bem as mãos, treine bastante para reforçar pontos importantes de sua apresentação acadêmica e conquistar seu público com mensagens convincentes. Procure manter as mãos sempre visíveis, pois por meio delas também mostramos nossas intenções, se estamos seguros ou não.

Tocar as pontas dos dedos, conforme Figura 14.1, que estão esticados é uma demonstração de segurança. Para esse tipo de gesto é possível observar sua prática muita realizada por advogados, juízes e professores universitários. Indica confiança em suas opiniões e em seus pensamentos, é feito de forma subconsciente, mostra foco e controle da situação por parte do palestrante. Esse gesto é bastante poderoso para convencer alguém e transmitir segurança. Também é conhecido como gesto do campanário.

Figura 14.1 Dedos juntos da mão

O gesto com os dedos entrelaçados e com os polegares para cima, conforme Figura 14.2, também transmite confiança.

Figura 14.2 Dedos entrelaçados e polegares para cima

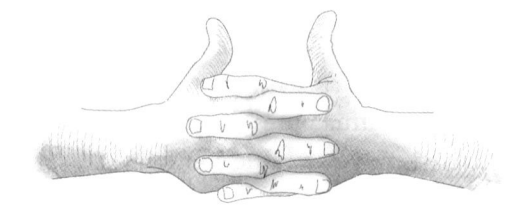

Curiosidade sobre o uso das mãos

Nos países latinos o movimento com as mãos é muito mais intenso que em outros países. Para a Igreja Católica a mão direita é utilizada para abençoar e a mão esquerda para excomungar. Na maioria das organizações militares, a continência é realizada com a mão direita. Em formaturas é habitual fazer um juramento estendendo a mão.

Se ficar diante de sua plateia, em pé, evite deixar os polegares nos bolsos, conforme Figura 14.3, pois esse gesto indica insegurança. Experimente deixar os dedos para dentro do bolso e apenas os polegares para fora. É possível notar como a comunicação fica diferente.

Figura 14.3 Dedos polegares nos bolsos

Se realizar sua apresentação sentado e for apoiar as mãos em uma mesa à sua frente, se deixar os dedos entrelaçados, evite deixar os polegares escondidos por baixo dos outros dedos, conforme Figura 14.4, pois demonstra insegurança.

Figura 14.4 Mãos apoiadas sobre a mesa com polegares escondidos

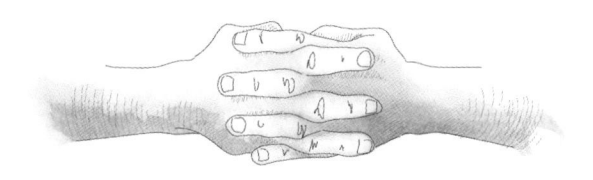

As mãos, quando colocadas na cintura, podem representar confiança e domínio. Podemos observar que a Figura 14.5 mostra uma postura mais dominante, enquanto que a Figura 14.6 mostra uma postura mais questionadora.

Quando se lida com pessoas, a postura da Figura 14.4 ajuda a diminuir algum tipo de tensão nos relacionamentos.

Figura 14.5 Postura das mãos na cintura demonstra dominação

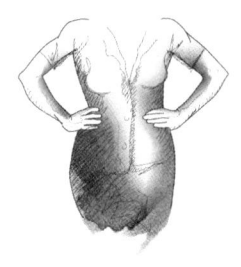

Figura 14.6 Postura das mãos na cintura demonstra questionamento

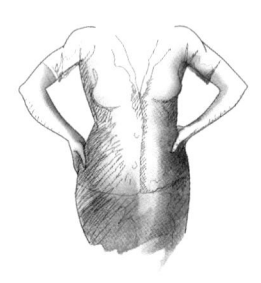

Figura 14.7 O gesto imitando uma garra

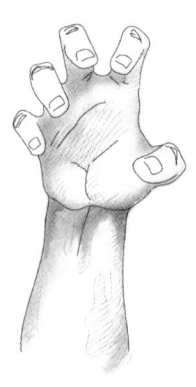

A Figura 14.7 mostra os dedos com a mão aberta imitando uma espécie de garra que prende a atenção do ouvinte. Esse tipo de gesto enfatiza o que se deseja transmitir verbalmente, sendo um poderoso instrumento de oratória.

Figura 14.8 Mão fechada imitando um soco

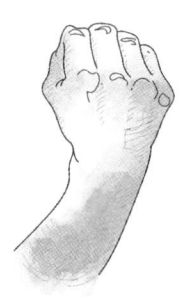

Os dedos unidos em forma de soco (Figura 14.8) demonstram uma posição de força. O punho fechado mostra determinação. Quando o orador deseja ter controle da situação, ele pode estender o braço com a mão aberta e girar a mão simulando agarrar algum objeto.

O lugar adequado para as mãos é sempre à frente de seu corpo, apoiando-as umas às outras conforme sugere a Figura 14.9. Observe que a cabeça fica levemente inclinada, o que indica que você está receptivo, ouvindo e à vontade. É uma postura adequada para responder a alguma pergunta ou prestar atenção em algo que sua plateia está falando.

Figura 14.9 Postura demonstra atenção ao público

Outros Gestos

Veja outros gestos que merecem sua atenção:

a. Evite esfregar a palma das mãos ou os dedos de uma mão contra a outra, pois isso demonstra nervosismo e ansiedade.

b. Manter as mãos unidas nas costas durante a apresentação pode criar uma relação de apatia com seu público. É a mesma coisa que dizer não chegue perto de mim, sou superior, afaste-se. Identificamos esse gesto quando o rei anda entre seus súditos.

c. Tocar o pescoço, as sobrancelhas ou alguma parte do corpo são sinais de desconforto e insegurança.

d. O franzir de testa, dependendo do contexto de interpretação, pode ser visto como raiva, tristeza, confusão, discordância de alguma mensagem que está sendo exposta.

e. Cruzar os braços com os punhos cerrados é indicativo de uma atitude hostil.

f. Braços cruzados sobre o peito pode indicar uma barreira entre você e sua plateia.

g. No caso dos homens, proteger as genitais é um gesto utilizado como forma de se sentir seguro, devendo ser evitado.

h. A mulher costuma cruzar o corpo com apenas um braço segurando ou tocando o outro. Isso transmite tensão e desconforto.

i. Bloquear os olhos com a mão comunica "não gostei disso".

j. É comum que durante suas apresentações a boca fique seca, necessitando que você, de forma natural, procure umedecê-la lambendo os lábios, mas se isso for feito de forma excessiva acaba transmitindo um sinal de nervosismo. Procure também não morder ou apertar os lábios.

Na prática

Quando a apresentação acadêmica é realizada em grupo de forma oral, minha sugestão é que fique à frente apenas quem está falando. Quando todos ficam à frente juntos, os que aguardam a vez de falar e não têm o que fazer, acabam conversando ou fazendo algum gesto que chame atenção da plateia. Caso não seja possível, procure controlar seus gestos.

Ficar Parado Durante a Apresentação

Ao ficar à frente de seu público e com contato visual, é recomendável:

a. Não ficar parado o tempo todo no mesmo lugar, procurando ter movimentação constante, sempre de forma moderada.

b. Não havendo necessidade de ficar próximo ao computador, procure se movimentar de um lugar para outro. A movimentação dá um certo dinamismo à sua apresentação, apenas tenha cuidado para que seja sincronizada com a fala e a operação dos equipamentos.

c. Se sua apresentação oral for realizada com o auxílio de programas de computador do tipo PowerPoint®, utilize controladores multimídia sem fio, pois permitem mais mobilidade para o apresentador. Há modelos diversificados desde os mais simples até os mais sofisticados que permitem que você controle os slides em distâncias de até 15m do computador.

d. Se alguém lhe auxiliar na operação dos slides, procure combinar os sinais e gestos para avançar ou retroceder os slides da apresentação.

Tanto gestos como postura quando adequados e bem dosados também complementam o que está sendo dito. É importante considerar seu público e o tipo de comunicação utilizada. A linguagem corporal não é algo infalível para compreender o comportamento humano, mas auxilia bastante.

Ao realizar uma apresentação, a atenção de nosso público está dividida nas palavras e no seu conteúdo; na voz humana com a tonalidade, velocidade, altura, melodia; e na linguagem corporal, como gestos, expressão facial, posturas, movimentação, respiração, conforme ilustrado na Figura 14.10.

Figura 14.10 Atenção do público quando falamos

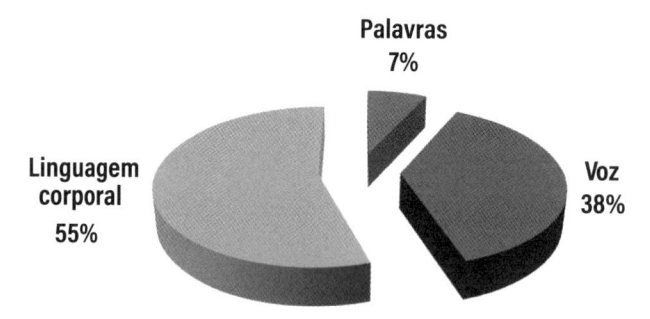

O impacto da linguagem corporal é maior que o conteúdo do que dizemos ou a forma como dizemos.

Além disso, você pode diagnosticar como está sua apresentação por meio dos gestos e do comportamento de sua plateia. Durante a apresentação, se algumas pessoas de sua plateia posicionarem a mão abaixo do queixo, como se o estivem segurando, é o que interpretamos como a posição do pensador. Essa postura é interpretada como um sinal positivo, de aceitação e interesse do assunto. Ao contrário, se sua plateia começar a bocejar, pode ser um sinal de desinteresse, sendo um ótimo momento para você mudar a gesticulação, o tom de voz, enfim, trazer sua plateia para o assunto apresentado.

Com o tempo e a prática você conseguirá realizar apresentações acadêmicas utilizando de forma eficiente os gestos e a postura adequadamente para comunicar melhor sua mensagem.

 Dica legal: o corpo fala em cada interação de nossas vidas. Saberemos por meio da comunicação não verbal como se afastar e se aproximar de alguém apenas observando seus gestos.

Sarau Acadêmico

Curiosidade

No caso das mulheres, passar a língua nos lábios pode ser interpretado como envio de um sinal sexual com poder de atração que dificilmente passa desapercebido. Pesquisas demonstram que os lábios são considerados por muitos como a zona mais erógena do corpo feminino. É possível notar isso na variedade de batons lançados pela indústria de cosméticos.

Sugestões de leitura

JOE, N.; POYNTER, T. S. *A inteligência não verbal*: **os segredos de um agente do FBI para decifrar pessoas sem o uso das palavras**. Rio de Janeiro: Elsevier, 2010.

Os autores explicam como decifrar o que está "sendo dito" em reuniões, apresentações, entrevistas, negociações, almoços e jantares de negócios por meio da interpretação da linguagem não verbal. O livro apresenta ainda várias ilustrações para melhor compreensão.

PEASE, A.; PEASE, B. *Desvendando os segredos da linguagem corporal*. 6. ed. Rio de Janeiro: Sextante, 2005.

O livro demonstra como interpretar a linguagem e o movimento do corpo, identificando sinais de receptividade, atração, desprezo, palavras, gestos e a arte de se comunicar por meio da linguagem verbal e não verbal. O livro apresenta exemplos com uma linguagem bastante objetiva, com várias ilustrações.

WEIL, P.; TOMPAKOV, R. *O corpo fala*: **a linguagem silenciosa da comunicação não verbal**. Petrópolis: Vozes, 2002.

Essa obra ensina de maneira simples e prática a "ler" a linguagem de nosso corpo e dos corpos dos outros. O livro apresenta 350 ilustrações de expressão corporal para melhor compreensão da comunicação não verbal.

Espaço musical

Pesquise na internet o link com a letra da música a seguir:

a. Não Se Reprima – Tatiana Parra. Disponível em: <https://www.letras.mus.br/tatiana-parra/1517575/>. Acesso em: 24 jul. 2016.

Após escutar e curtir a música, faça uma analogia da letra com os princípios apresentados neste capítulo. Compartilhe a sua opinião e realize um debate com seus colegas de classe.

Sessão pipoca

Após assistir aos filmes sugeridos no Quadro 14.1, você pode discutir e relacionar os vários temas com as questões para debate.

Quadro 14.1 Roteiro para discussão de analogia de filmes relacionados com postura e gestos

Filmes de referência	Temas relacionados	Questões para debate
Colateral. Diretor: Michael Mann. Ano: 2004. Gênero: ação. Sinopse: Max (Jamie Foxx) é um taxista que se mete em confusão quando pega o passageiro Vicente (Tom Cruise), um assassino de aluguel que o faz de refém. O motorista tenta encontrar um jeito de se salvar do matador.	• Comunicação • Sensibilidade • Persuasão • Comportamento • Conflito • Cultura • Negociação • Persistência • Meio ambiente • Poder • Planejamento • Justiça • Ética • Responsabilidade social • Valores	A cena que desejo indicar vai de 4min22s ("Ei, amigão, onde eu pego um ônibus para o aeroporto?") até 12min18s ("Obrigada, Max." "Vai em frente."). 1. Essa cena possibilita a discussão sobre sensibilidade e capacidade de observação que podem desenvolver e proporcionar novas oportunidades. O taxista é gentil, bem-humorado e observador ao prestar serviço ao seu cliente. Tudo começa quando enxerga uma mulher (Jada Pinkett Smith) pelo retrovisor falando ao celular. Ele observa sua postura, a forma como fala, como se veste e a bolsa que usa, inclusive adivinhando a profissão dela.

Lie To Me. Diretor: Samuel Saum. Ano: 2009. Gênero: drama. Sinopse: é uma série inteligente e intrigante inspirada nas descobertas científicas de um psicólogo da vida real capaz de ler pistas exibidas no rosto, na voz e no corpo humano que podem revelar a verdade e as mentiras em investigações criminais. O Dr. Cal Lightman (Tim Roth) é o maior especialista mundial em mentiras. Se mentir para Lightman, ele vai descobrir isso em seu rosto, em sua postura ou ouvirá nuances em sua voz. Se mexer o ombro, girar a mão ou até mesmo erguer levemente seu lábio inferior, Lightman detectará a verdade, mas, como ele bem sabe, essa habilidade científica é tanto uma bênção quanto uma maldição em sua vida pessoal, pois a família e os amigos se enganam mutuamente como os criminosos e estranhos.

- Comunicação
- Sensibilidade
- Persuasão
- Comportamento
- Conflito
- Cultura
- Negociação
- Persistência
- Meio ambiente
- Poder
- Planejamento
- Justiça
- Ética
- Responsabilidade social
- Valores

2. Você pode assistir a qualquer um dos episódios da série na primeira, na segunda ou na terceira temporada, discutindo posturas e gestos identificados pelo Dr. Cal Lightman. Assisti-los reforça como utilizamos a comunicação não verbal por meio de nossos gestos sem nos darmos conta disso.

continua...

continuação.

Filmes de referência	Temas relacionados	Questões para debate
O Júri. Diretor: Gary Fleder. Ano: 2003. Gênero: suspense. Sinopse: após considerar que uma grande empresa é a culpada pela morte de seu marido, uma viúva decide entrar com um processo na Justiça, pedindo uma indenização milionária. Para defendê-la ela contrata o advogado Wendell Fohr (Dustin Hoffman). Porém Fohr precisará enfrentar Rankin Fitch (Gene Hackman), um especialista em selecionar os jurados de forma a garantir de antemão sua vitória no julgamento. Porém o que Fohr e Fitch não contavam é que um dos jurados, Nicholas Easter (John Cusack), tem seus planos para manipular o júri. E, com o apoio de Marlee (Rachel Weisz), passa a chantagear a dupla avisando que o veredicto desejado sairá bastante caro.	• Comunicação • Sensibilidade • Persuasão • Comportamento • Conflito • Cultura • Negociação • Persistência • Meio ambiente • Poder • Planejamento • Justiça • Ética • Responsabilidade social • Valores	3. O filme chama atenção para discussão de questões de convencimento e persuasão por meio de percepções e objetivos pessoais, como as decisões dos integrantes do júri são manipuladas e como a linguagem corporal e as características individuais são utilizadas para obter sucesso a qualquer preço. Há outros tópicos de discussão, como ética, negociação, valores, poder, sistema de justiça e comportamento de grupo. Você pode relacionar várias partes do filme aos conteúdos apresentados neste capítulo.

Capítulo 15

HISTÓRIAS E METÁFORAS

"Prepare o seu coração pras coisas que eu vou contar
Eu venho lá do sertão, eu venho lá do sertão
Eu venho lá do sertão e posso não lhe agradar
Aprendi a dizer não, ver a morte sem chorar
E a morte, o destino, tudo, a morte e o destino, tudo
Estava fora do lugar, eu vivo pra consertar."

Disparada – Geraldo Vandré

Objetivos de Aprendizagem

- ▶ Ilustrar como boas histórias, parábolas, fábulas e metáforas ilustram a apresentação e prendem a atenção do público.
- ▶ Demonstrar a importância do treinamento constante em contar histórias e metáforas.
- ▶ Mostrar exemplos de histórias e metáforas.
- ▶ Listar dicas para treinar e desenvolver boas histórias.

Histórias e Metáforas

As palavras, quando bem combinadas, ajudam a formar imagens mentais criando pensamentos e sentimentos. Influenciam a imaginação, provocam sonhos, desejos, criam conceitos, simplificam o entendimento de uma apresentação ou de uma conversa.

As pessoas gostam muito de histórias, principalmente quanto acrescentam algum tipo de aprendizado. Em suas apresentações, ao utilizar exemplos pessoais, cuidado com exageros. Os exemplos pessoais se tornam interessantes quando demonstram vivência e experiências diferentes.

Histórias, parábolas, fábulas e metáforas podem ajudar a ilustrar a mensagem da apresentação, além de permitir melhor entendimento. Contar histórias, piadas, parábolas, versos, metáforas, usar ditos populares, bordões e fazer analogias relacionadas com o tema de sua apresentação podem ser uma poderosa forma de convencimento e persuasão de alguma mensagem que se deseja transmitir para o público.

É possível usar a arte de contar histórias e metáforas no início, no meio e no fim de sua apresentação, pois o conteúdo vai depender dos objetivos que você deseja atingir. O recurso de contar histórias e metáforas não é algo recente, pois sempre foi usado no mundo todo há milhares de anos, principalmente por filósofos, grandes líderes de nossa história, empresários, executivos, políticos e professores.

A história e a metáfora bem contadas têm um impacto grande diante de sua plateia. Você precisa apenas treinar bem para que seja convincente. A apresentadora Ana Maria Braga inicia seu programa com a chamada de TV "pensamento do dia" contando uma história relacionada com alguma mensagem que deseja transmitir. É uma forma de influenciar sua plateia chamando atenção para algum ponto importante e iniciando o programa de forma mais leve e positiva.

Nossa mente consegue se adaptar a qualquer informação. Com a arte de contar histórias e metáforas você pode conduzir sua plateia a fazer alguma reflexão, pode utilizar para concluir a sua apresentação com algo que deseje que fique na mente do público.

Contar Histórias e Metáforas é um Treinamento Constante

Contar histórias para meus filhos foi uma habilidade que desenvolvi com minha esposa, professora de educação infantil. Algumas histórias eram contos conhecidos, outras eu mesmo inventava usando a criatividade e adaptava conforme a situação e o momento: durante as refeições, no banho, ao passear, na troca de roupa, ao ingerirem algum remédio, nas visitas ao médico, em épocas de vacinação, na hora de dormir. Fazê-los comer e acreditar em algumas coisas ficou mais fácil com a arte da construção de histórias e metáforas, e acabou se tornando divertido para mim. Por exemplo, eles cresceram acreditando que beterraba, abobrinha, chuchu, mandioca e até jiló (acredite) e verduras em geral eram guerreiros do bem, que, quando comidos, derrotavam os guerreiros do mal, como a gripe, o resfriado, a fraqueza, prevenindo contra doenças diversas. Isso facilitou muito o meu papel de pai, foi bastante motivador, pois essas histórias e metáforas permeiam nossas conversas de família até hoje, resultando em boas risadas.

Curiosidade

A escocesa Joanne K. Rowling, uma mãe solteira, vivia do seguro-desemprego em Edimburgo, no Reino Unido. Com uma vida de muitas dificuldades, quando o frio apertava, para se aquecer, Joanne entrava numa lanchonete com o bebê e ficava horas ali escrevendo. Assim nasceu a história da série Harry Potter com o primeiro livro *Harry Potter e a Pedra Filosofal*. Ela procurou alguém que se interessasse por editar a obra, mas antes de ser aceita pela editora Bloomsbury, nove editores rejeitaram os manuscritos do livro. Com uma campanha agressiva de marketing, Harry Potter se tornou um fenômeno literário rendendo milhões de dólares aos seus produtores, ocupando o primeiro lugar na lista de *best-sellers* mais vendidos durante muito tempo. As pessoas se apaixonaram pelas histórias de Harry Potter e pela sua escola de bruxos. Os primeiros quatro livros venderam cerca de 200 milhões de cópias em 55 idiomas e 200 países. Hoje Joanne é uma das pessoas mais ricas da Inglaterra. Não deixamos de fazer a pergunta: o que passou na cabeça daquelas nove editoras que rejeitaram os manuscritos de Harry Potter?

Procure sempre fazer reflexão sobre uma boa história, não tenha preconceitos, considere a sua intuição e sensibilidade ao contar suas histórias e metáforas. Pense nos talentos que muitas vezes são ignorados e recebem muitas vezes um não.

Harry Potter motivou o interesse de crianças e adolescentes pela leitura no mundo todo, inclusive no Brasil. Posso afirmar que isso foi positivo, pois minha filha ficou "viciada" em Harry Potter, devorando todos os livros da série. A partir disso seu interesse pela leitura foi além dos livros paradidáticos, mostrando interesse por outros temas, como política e questões sociais, e isso só tem feito bem para ela.

Há ex-alunos que encontro depois de muitos anos, e alguns me confessam que conseguem se lembrar de uma aula ou tema meus, principalmente pela relação que fiz com alguma história ou metáfora. Muitas vezes não se lembram completamente do conteúdo das palestras ou da aula na íntegra, mas lembram alguma frase, algum texto ou alguma palavra de efeito que fizeram diferença em suas vidas. Boas histórias e metáforas são realmente inesquecíveis.

Com uma história ou metáfora bem contada é possível fazer seu público rir, chorar, se emocionar, participar, além de despertar seu interesse, criar uma sensação positiva ou negativa e gerar uma expectativa. Saiba o momento certo de contar uma boa história ou metáfora, sendo mais uma forma de encantar e criar empatia com seu público. A experiência pessoal é a melhor fonte para criar histórias e metáforas. Você pode pesquisar sobre histórias e metáforas e fazer adaptações conforme suas necessidades.

Exemplos de Histórias e Metáforas

Veja a seguir outros exemplos de histórias e metáforas:

Para refletir 1: Sonhos (do autor)

Sabe a casa própria? Já foi um sonho...

Sabe a formação na faculdade? Já foi um sonho...

Sabe aquele desejo de se tornar professor? Já foi um sonho...

Sabe aquela viagem para o exterior? Já foi um sonho...

Sabe o desejo de formar uma família? Já foi um sonho...

Sabe este livro que você está lendo? Já foi um sonho...

Sabe a solução para os conflitos sociais no mundo? Estou sonhando...

Sabe qual o próximo livro que vou escrever? Estou sonhando...

Sabe aquela vontade de ser feliz? Estou sonhando...

Na vida, tudo que você deseja começa com um sonho. Portanto, enquanto viver, não deixe de sonhar. A história mostra a importância de realizar sonhos. E acredite, meu caro leitor, sempre fiz isso em toda a minha vida. Sempre reforço a lembrança dessa história para meus filhos quando sentem alguma dificuldade de realizar algo que desejam muito.

Para refletir 2: Toda Manhã na África

"Toda manhã, na África, uma gazela desperta. Sabe que deverá correr mais depressa do que o leão ou será morta. Toda manhã, na África, um leão desperta. Sabe que deverá correr mais do que a gazela ou morrerá de fome. Quando o sol surge, não importa se você é um leão ou uma gazela: é melhor que comece a correr." – Domenico De Masi

A frase anterior citada faz uma comparação entre a luta pela sobrevivência de dois animais nas planícies da África e o nosso esforço para vencer a concorrência em nosso dia a dia. A frase sugere engajamento na luta pela conquista do mercado organizacional e serve de inspiração para que cada indivíduo encontre um meio eficaz de superar não só os competidores mas seus desafios profissionais e pessoais.

Para refletir 3: O Vaga-lume e a Cobra

Conta uma lenda que certa vez na floresta uma cobra começou a perseguir um vaga-lume. Com medo e sem saber o que estava acontecendo, o vaga-lume voou mais rápido para fugir da cobra. Mas passaram-se um dia, dois dias, e o vaga-lume continuava voando cada vez mais rápido para fugir de seu predador. No terceiro dia, já muito exausto e restando poucas forças, o vaga-lume parou e disse à cobra:

– Ei, dona cobra, espere aí, pare por favor...
– Posso lhe fazer três perguntas?
– A cobra pensou... pensou... pensou e respondeu ao vaga-lume:
– Não costumo abrir exceção para ninguém, principalmente para minha comida, mas já que vou te devorar, faça as perguntas desejadas.
– O vaga-lume então fez a primeira pergunta:
– Eu te fiz alguma coisa?
– Não...
– Eu pertenço à sua cadeia alimentar?
– Não...
– Então por que me persegues?
A cobra respirou fundo e respondeu ao vaga-lume:
– É que não suporto ver você brilhar...

Essa história faz uma metáfora de pessoas que ficam incomodadas com o sucesso de outras. Na vida real, as grandes conquistas são fruto de muito esforço. Colecionei muitas histórias, situações das mais variadas de alunos que conseguiram concluir o curso na faculdade com bastante sacrifício. Para esses alunos eu sempre repetia a mesma coisa todo semestre: "Não deixem apagar o brilho de vocês, sonhem sempre".

Dicas para Você Contar Histórias e Metáforas

Algumas dicas para treinar o desenvolvimento de boas histórias e metáforas:

a. Pense em sua apresentação e personalize uma história ou metáfora para a mensagem principal.

b. Registre as melhores histórias e metáforas que ouvir, fique atento, faça as adaptações para criar as suas.

c. Aproveite festas de confraternizações com seus amigos e familiares para treinar frases, histórias e metáforas.

d. Nada melhor que a experiência pessoal: todos temos boas histórias para contar e transformar em metáforas, invente, crie.

e. Apenas fique atento às histórias longas e chatas. Essa é uma habilidade que exige treinamento, paciência e sensibilidade. Geralmente boas histórias e metáforas não levam mais que três ou quatro minutos quando contadas.

 Dica legal: procure sempre ter um conjunto de histórias para todas as situações em que for realizar algum tipo de apresentação, discurso ou até mesmo falar palavras de incentivo e motivação.

Sarau Acadêmico

Curiosidades

A palavra metáfora deriva do grego *meta*, que significa "acima ou além", e *phorein*, que significa "levar ou transportar de um lugar para outro". A metáfora nos leva de um estado que estamos para um estado que desejamos.

Sugestões de leitura

CASULA, C. C. *Metáforas*: **para a evolução pessoal e profissional**. Rio de Janeiro: Qualitymark, 2005.

O livro tem como objetivo auxiliar o passo a passo para a construção de metáforas. A autora ensina como coletar informações transmitindo valores por meio de frases e palavras em histórias bem contadas.

LANG, J. *Mitos universais*: **mitos e lendas dos povos europeus.** São Paulo: Landy, 2002.

Nesta obra o autor demonstra como os povos antigos criaram as mais belas ficções que a imaginação humana pode realizar. O livro encanta pela forma narrativa e pela forma como relaciona os mitos e as lendas e suas poderosas linguagens simbólicas. As histórias da mitologia podem nos revelar o mundo e o seu mistério e nos ajudam a entender os mitos nos dias de hoje.

MELLO, N. C. *Conversando é que a gente se entende*: dicionário de expressões coloquiais brasileiras. São Paulo: Leya, 2009.

O livro apresenta mais de 10 mil casos, palavras, ditos populares, gírias, bordões, máximas e outras formas do falar informal. A obra é rica em exemplos de linguagem figurada, abreviação de palavras na linguagem coloquial, neologismos, bordões e outras expressões coloquiais brasileiras.

Espaço musical

Pesquise na internet os links das letras das músicas a seguir:

a. **Abrigo de Vagabundos** – Adoniran Barbosa. Disponível em: <http://www.cifraclub.com.br/adoniran-barbosa/abrigo-de-vagabundos/>. Acesso em: 11 out. 2016.

b. **Asa Branca** – Luiz Gonzaga. Disponível em: <http://www.letras.com.br/#!luiz-gonzaga/asa-branca>. Acesso em: 12 out. 2016.

c. **Zé Brasileiro** – Rappin' Hood. Disponível em: <http://letras.mus.br/rappin-hood/794172/>. Acesso em: 21 jun. 2016.

Após escutar e curtir as músicas, faça uma analogia das letras com histórias e metáforas apresentadas neste capítulo. Compartilhe a sua opinião e realize um debate conforme sugestão do Quadro 15.1 com seus colegas de classe.

Quadro 15.1 Roteiro para analogia de músicas com histórias e metáforas

Música e autor	Questão para debate
Abrigo de Vagabundos - Adoniran Barbosa **Asa Branca** - Luiz Gonzaga **Zé Brasileiro** - Rappin' Hood	1. As músicas fazem uma metáfora com a vida de muitos brasileiros que procuram por meio do trabalho ter uma vida melhor. Para isso se submetem a passar por várias situações difíceis de suportar no dia a dia. As letras retratam a luta do brasileiro pela sobrevivência.

Sessão pipoca

Após assistir aos filmes sugeridos no Quadro 15.2, você pode discutir e relacionar as questões para debate com o capítulo de histórias e metáforas.

Quadro 15.2 Roteiro para discussão de analogia de filmes relacionados com histórias e metáforas

Filmes de referência	Temas relacionados	Questões para debate
Forrest Gump: O contador de histórias. Diretor: Robert Zemeckis. Ano: 1994. Gênero: comédia/romance. Sinopse: 40 anos da história dos Estados Unidos, vistos pelos olhos de Forrest Gump (Tom Hanks), um rapaz com quociente de inteligência abaixo da média e boas intenções. Por obra do acaso, ele consegue participar de momentos cruciais, como a Guerra do Vietnã e o Caso Watergate, mas continua pensando no seu amor de infância, Jenny Curran. É um filme que provoca nossa reflexão relacionando temas, como sensibilidade, criatividade, comunicação e humanismo.	• Sensibilidade • Adaptação • Comunicação • Aprendizagem • Criatividade • Motivação • Grupos • Mudanças • Humanismo • Preconceito • Persistência • Sentido da vida • Solidariedade • Superação de limites e obstáculos • Objetivo • Padrões	1. Quero chamar atenção do leitor ao desenvolver suas histórias e metáforas pessoais adaptadas ou não. Utilize suas experiências pessoais, pois contar histórias muitas vezes significa não somente enaltecer as coisas boas que acontecem em nossas vidas, mas mostrar que as coisas ruins são importantes como fatores de crescimento pessoal.

continua...

continuação.

Filmes de referência	Temas relacionados	Questões para debate
Peixe Grande e Suas Histórias Maravilhosa. Diretor: Tim Burton. Ano: 2003. Gênero: comédia. Sinopse: Albert Finney (Edward Bloom) sempre foi um contador de histórias e sua diversão predileta é contar aventuras que viveu, mesclando realidade com fantasia. As histórias fascinam a todos, exceto seu filho Will (Billy Crudup). Sandra (Jessica Lange), mãe de Will, tenta aproximar pai e filho, o que faz com que Edward enfim tenha que separar a ficção da realidade de suas histórias.	• Sensibilidade • Adaptação • Comunicação • Aprendizagem • Criatividade • Motivação • Grupos • Mudanças • Humanismo • Preconceito • Persistência • Sentido da vida • Solidariedade • Superação de limites e obstáculos • Objetivo • Padrões	2. Você pode utilizar várias cenas do filme para provocar reflexão e discussão com seus colegas de grupo sobre temas, como motivação, processo de mudança, de que forma o imaginário pode ser trabalhado, a importância de não se acomodar diante de várias situações etc.

Capítulo 16

CRIATIVIDADE: COMO EXPLORAR

"Numa folha qualquer eu desenho um sol amarelo
e com cinco ou seis retas é fácil fazer um castelo
Corro o lápis em torno da mão e me dou uma luva
e se faço chover, com dois riscos tenho um guarda-chuva."

Aquarela – Toquinho

Objetivos de Aprendizagem

► Mostrar o conceito e a definição de criatividade.

► Descrever a técnica de *benchmark* e *brainstorm* como fator para o desenvolvimento da criatividade.

► Demonstrar dicas para estimular a criatividade.

Conceito de Criatividade

Em apresentações acadêmicas, como seminários, palestras, aulas expositivas, etc., o desenvolvimento de um tema interessante por meio da boa pesquisa, de conteúdo e domínio sobre o assunto é muito importante, entretanto, a forma que vai ser exposto pode fazer a diferença.

Criatividade começa com a quebra de paradigmas, normas, regras, padrões, uma nova forma de visão e solução de problemas. O que mais escuto são alunos iniciantes de faculdade repetirem a mesma coisa: "Não tenho criatividade para realizar uma boa produção e apresentação acadêmica". A partir disso tento desconstruir a ideia pessimista do aluno.

Tudo é válido para realizar uma boa apresentação, e todas as ideias são bem-vindas, por mais malucas que possam parecer. Quando a forma de apresentação é bem elaborada, desperta o interesse e a participação de seu público.

Muitas pessoas identificam a criatividade como uma característica apenas para gênios, artistas e inventores, como se fosse um dom ou algo apenas para poucos em que alguns têm e outros não, que já nasceria com você. Mas a criatividade pode ser aprendida sim, pois é possível que todos desenvolvam características de criatividade exercendo treinamento formal.

O tema criatividade é muito estudado na história do pensamento humano, tanto na filosofia quanto na ciência, o que dificulta uma definição objetiva. Vários autores estabelecem diferentes conceitos sobre o que é criatividade e o que é ser criativo.

Desde o início do século XX, os psicólogos e estudiosos da área cognitiva, aquela que investiga os processos mentais, vêm pesquisando e apresentando modelos de pensamento criativo. O inglês Graham Wallas foi pioneiro, pois em 1926 elaborou o primeiro modelo de pensamento criativo. Para Wallas, a criação de numa nova ideia é um processo que envolve quatro etapas:

1. **Preparação**: coleta das informações sobre o problema em questão.
2. **Incubação**: período em que a pessoa se afasta temporariamente do problema.
3. **Iluminação**: momento em que a pessoa chega à solução criativa.
4. **Verificação:** ajuste e implementação da solução.

No modelo de Wallas, a geração da ideia criativa se concentrava muito no indivíduo. Outros modelos foram surgindo, e os pesquisadores começaram a ter uma opinião em comum: que a criatividade continuava sendo vista como uma mistura de esforço e imaginação. Era mais fácil chegar a soluções criativas se nos preparássemos para isso, seguindo um roteiro objetivo predefinido. A partir disso começaram a ser desenvolvidas técnicas para estimular a criatividade.

A definição e o conceito de criatividade são um assunto de investigação em si, e os debates científicos são sempre atuais. Segundo Lubart (2007) criatividade é a capacidade de realizar uma produção que seja ao mesmo tempo nova e adaptada ao contexto na qual ela se manifesta, seja esta ideia uma composição musical, uma história ou uma mensagem publicitária. Para este autor a concepção de criatividade pode variar conforme a cultura e a época. Os estudos mais antigos no início focavam muito no indivíduo, já as teorias mais modernas atribuem criatividade a uma série de fatores inter-relacionados.

Somos educados para viver em sociedade, aprendemos o que é correto fazer, o padrão de comportamento a seguir, como se vestir, como se portar diante de um jantar, ser educado em geral no convívio social do dia a dia. Esse processo de socialização ou padronização acaba criando um bloqueio criativo. Quando criança, nossa criatividade está a todo vapor: um punhado de areia ao brincar na praia resulta em um castelo, uma caixa de sapato transforma-se em um carrinho, um cabo de vassoura vira um cavalinho ou uma espada de um grande guerreiro, uma pedra ou um pedaço de madeira acaba virando qualquer tipo de brinquedo dependendo de nossa criatividade, isso sem falar nas brincadeiras em grupo.

Reflexão

"A estória do Pinóquio diz que as crianças nascem de madeira e só ficam de carne e osso depois de passar pela escola. Mas frequentemente acontece o contrário: nascem de carne e osso e ficam de madeira depois de passar pela escola." – Rubem Alves

Na vida adulta encontramos dificuldade para desenvolver o processo criativo ao tentarmos ver as coisas de forma diferente. Tanto família, escola, empresas e sociedade em geral criam um ambiente pouco favorável à criatividade. É comum encontrarmos empresas que afirmam que motivam e estimulam seus funcionários a praticarem a criatividade, mas poucas fazem isso de verdade.

No mundo organizacional, que vive em competição acirrada e constante com a correria do dia a dia, encontrar soluções criativas demanda muito tempo, o que deixa de ser lucrativo, por isso o desinteresse rápido das empresas em estimular a prática constante de desenvolvimento da criatividade. Ser criativo significa também ter um pouco de fantasia, imaginação, fuga da racionalidade pela busca das emoções, procura constante entre estabilidade e lógica.

Tanto os Jogos Olímpicos como a Copa do Mundo de Futebol deixaram de ser apenas eventos esportivos. Cada novo acontecimento tornou-se um desafio para os administradores, não somente por ser um megaevento esportivo, mas de como entreter o público com atrações diversas.

Benchmarks

Benchmarks são produtos, serviços e processos de empresas líderes de mercado. Fazer *benchmarking* significa utilizar como estratégia a comparação dos próprios produtos, serviços e processos com as empresas que servem como referência, verificando quais os pontos fortes e fracos, oportunidades e ameaças, realizando em seguida as ações necessárias para alcançar o mesmo nível de excelência. Para suas apresentações acadêmicas, você pode inspirar-se em outras ideias bem-sucedidas e realizar as adaptações necessárias aos seus objetivos e aos do grupo. Não tenha orgulho, seja humilde em reconhecer as boas ideias. Essa é uma prática muito comum de empresas, pois visa utilizar um processo que deu certo com a finalidade de obter resultados iguais ou melhores do que aqueles que já foram atingidos.

Curiosidades

Inovação: o chinelo Havaianas foi um produto associado às classes mais baixas, pois não tinha nenhum glamour. O produto foi lançado em 1962, pela São Paulo Alpargatas, uma fábrica especializada em calçados simples e funcionais. Seu desenho foi inspirado nas sandálias de dedo japonesas *zori*, porém eram feitas de borracha. O produto, apesar de fazer muito sucesso durante algum tempo, não procurou inovar e, com o passar do tempo, acabou se vulgarizando. Além do desprestígio, a empresa começou a enfrentar forte concorrência de imitações mais baratas, abertura dos mercados nos anos 1980 e seu maior rival, a Grendene com a linha Rider de chinelos em PVC, uma espécie de plástico mais resistente, bem mais duráveis. Mas a São Paulo Alpargatas se reinventou em 1994, realizando uma estratégia de marketing chamada de reposicionamento. Primeiro lançou uma linha chamada de Top, usou visual mais *clean*, jovem e moderno. O produto passou a ser vendido também em casas especializadas em artigos esportivos e em grandes redes de varejo, além de shopping centers. Ao invés de um saquinho simples amarrado com barbante como embalagem, passou a usar uma caixinha charmosa. As inovações não pararam, e estrelas como Malu Mader, Daniela Cicarelli, Gisele Bündchen, Rodrigo Santoro e outros ícones da jovialidade e beleza passaram a fazer parte de suas campanhas. Fez sucesso em toda a Europa, se tornou uma empresa internacional, conquistou as classes médias e altas, além de não ter sido abandonada pelo seu público inicial.

Ousadia: antes das canetas Bic existiam apenas canetas do tipo tinteiro que duravam vários anos. Em 1950 a Bic resolveu criar uma caneta descartável, que teria uma duração limitada, porém com preço bastante baixo. A ideia foi totalmente rejeitada por várias empresas que se recusaram a investir no projeto alegando que ninguém se interessaria por uma caneta descartável. O produto foi introduzido em Paris, em 1953, onde obteve sucesso imediato e três anos depois já se vendia 250 mil canetas por dia na Europa. Tente pensar em algum lugar onde você não consiga comprar uma Bic.

Percepção: os fabricantes de um famoso creme dental tinham uma máquina automática que processava todos os insumos, produzindo um produto pronto, lacrado e já embalado em uma sequência rápida. No entanto, havia um pequeno defeito, às vezes saía um tubo de pasta pronto, mas cheio de ar. Tentaram muitas vezes solucionar o problema, e a sugestão veio justamente de um trabalhador que acompanhava os esforços da equipe técnica: "Por que vocês não colocam aí na saída um ventilador que sopre para fora os tubos vazios?". Veja que neste exemplo melhor que o conhecimento é fazer valer a criatividade.

Existe ainda o medo de ser diferente, estar errado, ser chamado de louco ou "com um parafuso a menos". Uma das formas de se vencer esse tipo de medo é não ter vergonha de expressar suas ideias. Já presenciei muita gente perder excelentes oportunidades por não terem expressado uma ideia que parecia "maluca", mas que outro colega acabou apresentando e levando toda a fama e sucesso.

Brainstorm

Uma técnica bastante interessante é a aplicação de *brainstorm*. O princípio básico dessa técnica é realizar uma reunião informal com o maior número possível de integrantes que formam determinado grupo para verbalizar, discutir, palpitar e explorar todas as ideias possíveis para a obtenção das melhores soluções.

A técnica de *brainstorm* foi inventada na década de 1930 por um publicitário norte-americano chamado Alex Osborn. Para ele as reuniões de trabalho eram muito formais, pouco produtivas e inibiam a geração de ideias, mas com esse método era possível estimular o fluxo do pensamento.

É importante que ao iniciar o *brainstorm* não sejam apresentadas censura, normas, regras ou restrição de nenhuma ideia, mesmo que pareçam absurdas ou engraçadas. É permitido falar tudo que vier à cabeça, estimulando a imaginação e procurando deixar a lógica de lado. A ideia principal é permitir que todos participem, fugindo dos paradigmas tradicionais. O que é gratificante nesse processo é que a ideia acaba sendo de todos, e consequentemente o sucesso é do grupo, e não apenas de um integrante. Agências de propaganda utilizam muito essa técnica como forma de estimular uma discussão inicial sobre alguma campanha de comunicação ou lançamento de produto ou serviço.

Motive a produtividade da realização do *brainstorm* por meio da escolha de local adequado, que ofereça boa iluminação, temperatura e ambiente agradável.

Etapas para Desenvolver *Brainstorm*

Veja algumas etapas para aplicação da técnica de *brainstorm*:

1. **Expressão de ideias**: inicie o *brainstorm* solicitando que todos os presentes expressem suas ideias sobre o tema a ser apresentado.

2. **Estimular a criatividade**: não critique nenhuma ideia apresentada por mais engraçada ou absurda que possa aparecer. Críticas negativas acabam inibindo a participação. Tudo é válido, as risadas são bem-vindas.

3. **Anotações das ideias**: todas as ideias verbalizadas devem ser escritas e apresentadas para todos estimulando outras ideias. Anote tudo, não perca ou deixe passar nada.

4. **Selecionar**: após o término das verbalizações, todas as ideias escritas devem ser analisadas para seleção das mais adequadas na apresentação do trabalho acadêmico.

Vale ressaltar que não há regras de tempo específico para conduzir essa etapa, mas o tempo precisa ser bem administrado. Estabeleça um objetivo atingível procurando não se distrair ou perder o foco. Se for preciso, faça pequenas pausas sempre que achar importante, assim você recomeça com energia.

Figura 16.1 Etapas para aplicação do *brainstorm*

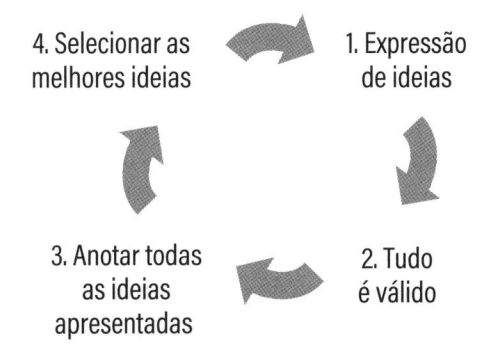

Também podemos definir criatividade como a capacidade de realizar uma produção, que seja, ao mesmo tempo, nova e adaptada ao contexto no qual se manifesta. Essa produção pode se dar na ciência, na arte ou no cotidiano.

Dicas Legais para Estimular a Criatividade

Apresento algumas sugestões para estimular e motivar o desenvolvimento da criatividade:

a. Criatividade exige treinamento e tempo. De nada adianta conhecimento de teorias sem colocá-las em prática. Exercitar a imaginação é uma forma de melhorar o processo criativo.

b. É importante respeitar as limitações individuais, mas não deixar de encorajar o grupo para novos desafios.

c. Criatividade não significa ter dinheiro ou recursos.

d. Não há necessidade de ofuscar, anular ou aparecer mais que um colega de grupo. Respeite as competências do grupo, há espaço para todos. Entrosamento é produtivo e mais motivador.

e. Não tenha medo de ser ousado.

f. Motivação, curiosidade, ousadia e flexibilidade são estímulos para a criatividade.

g. No processo criativo não dê lugar para o autoritarismo: a liberdade e a participação de todos significam um melhor desempenho criativo.

h. As diferenças sociais, econômicas, raciais, religiosas, as deficiências físicas, a idade, etc., devem se complementar e viabilizar a cooperação, interatividade e troca entre os integrantes do grupo, devendo haver esforço individual para tentar entender o outro. Seja tolerante.

i. Pense em todas as formas de realizar uma apresentação acadêmica, saia do convencional, quebre regras e paradigmas.

Saia da zona de conforto, assuma riscos, procure inovar: criatividade dá trabalho mesmo, o que é mais fácil nem sempre é o melhor. Seja paciente com você, pratique dia após dia, não desista, seja persistente. No processo de inovação desenvolva a curiosidade, o entusiasmo, a sensibilidade, seja mais ousado.

Sarau Acadêmico

Curiosidade

No Carnaval de 1989, na cidade do Rio de Janeiro, a Escola de Samba Beija-Flor apresentou seu emblemático enredo "Ratos e Urubus, Larguem a Minha Fantasia", do carnavalesco Joãosinho Trinta. Naquele ano a escola tornou-se vice-campeã encantou e contagiou o público presente apresentando um desfile criativo e ousado. A ideia do tema de apresentação da escola era a miséria. Mas a Igreja Católica não gostou e fez duras críticas, proibindo a escola Beija-Flor de apresentar um Cristo mendigo. Mas de forma criativa isso foi contornado por meio da cobertura da estátua com um grande plástico preto e com a colocação de uma enorme faixa escrita com grandes letras: "Mesmo Proibido. Olhai Por Nós!". Isso acabou impactando na opinião das pessoas, que questionavam sobre a postura da Igreja Católica de censurar a criatividade e a manifestação popular, que é o que propõe a essência do Carnaval.

Já viajou pelo Brasil?

No Brasil há muitas festas e muitos encontros populares realizados com objetivos diversos. Há festas e encontros mais famosos e conhecidos, como o Carnaval da cidade do Rio de Janeiro e da Bahia; a festa do Divino em várias cidades do Brasil; a festa junina de Campina Grande, na Paraíba; a festa do Peão de Boiadeiro, na cidade de Barretos (SP); a festa de Parintins, no Amazonas; a festa do Bumba Meu Boi, no Maranhão; o festival de Quadrilhas de Natal; a festa do Galo, em Recife; e a famosa Feira de Caruaru, estas duas no Estado de Pernambuco; as festas relacionadas aos imigrantes de outros países, como italianos, alemães, japoneses, portugueses, espanhóis; além de muitas outras festas temáticas relacionadas com santos, frutas, comidas, bebidas, danças típicas, músicas, sotaques, países: todas elas recheadas com muita cultura regional. Desculpem por não citar outras festas de outros estados: são muitas, e todas são maravilhosas. Essas festas e esses encontros, além de trazerem mais turistas, têm como desafio sempre surpreender por meio da criatividade.

Sugestões de leitura

ACADEMIA PEARSON. *Criatividade e inovação.* São Paulo: Pearson Prentice Hall, 2011.

O livro apresenta os principais modelos de criatividade e seus autores com uma linguagem clara e didática. A obra apresenta matérias e estudos de caso com situações reais onde o leitor pode fazer um paralelo da teoria e da prática.

DE MASI, D. *O ócio criativo.* Rio de Janeiro: Sextante, 2000.

O autor expõe suas ideias sobre a sociedade e o trabalho. De Masi, insatisfeito com o modelo social centrado na idolatria do trabalho, propõe um novo modelo baseado na simultaneidade entre trabalho, estudo e lazer, na qual os indivíduos são educados a privilegiar a satisfação de necessidades pessoais, como introspecção, amizade, amor, atividades lúdicas e convivência. Segundo o autor, o ser humano deveria dedicar mais tempo a atividades que o levassem a essas satisfações sem a influência da sociedade do consumo.

PREDEBON, J. *Criatividade*: **abrindo o lado inovador da mente**. 8. ed. São Paulo: Atlas, 2013.

O livro apresenta como praticar a criatividade pessoal, com instruções e uma série de exercícios. O conteúdo é muito prático, mais que teórico, permite que o leitor realize as adaptações necessárias conforme o número de participantes, o tempo, a temática e os objetivos desejados a serem alcançados.

Espaço musical

Pesquise na internet os links com as letras das músicas a seguir:

a. **Aquarela** – Toquinho. Disponível em: <https://www.letras.mus.br/toquinho/49095/>. Acesso em: 21 mai. 2016.

b. **Balada do Louco** – Mutantes. Disponível em: <http://letras.mus.br/mutantes/47541/>. Acesso em: 21 jun. 2016.

c. **Ratos e Urubus, Larguem a Minha Fantasia** – G.R.E.S. Beija-Flor de Nilópolis. Disponível em: <http://letras.mus.br/beija-flor-rj/709628/>. Acesso em: 07 jul. 2016.

d. **Metamorfose Ambulante** – Raul Seixas. Disponível em: <http://letras.mus.br/raul-seixas/48317/>. Acesso em: 07 jul. 2016.

Após escutar e curtir as letras das músicas, faça analogias com os princípios básicos da criatividade apresentados neste capítulo. Compartilhe a sua opinião e realize um debate conforme as sugestões do Quadro 16.1 com seus colegas de classe.

Quadro 16.1 Roteiro para analogia e debate de músicas com criatividade

Música e autor	Questões para debate
Aquarela - Toquinho	1. Como estimular a criatividade no processo de planejamento de uma apresentação acadêmica?
Balada do Louco - Mutantes	2. Criatividade pode sofrer censura? Por que isso ocorre?
Ratos e Urubus, Larguem a Minha Fantasia - G.R.E.S. Beija-Flor de Nilópolis	3. Qual foi a ousadia relacionada com temas sociais? 4. Por que a Igreja Católica se sentiu incomodada com a estátua do Cristo vestido de mendigo? Você concorda com a posição da igreja? Justifique.
Metamorfose Ambulante - Raul Seixas	5. Discorra sobre mudanças, transformações, quebra de normas e paradigmas, padrões, modelos.

Sessão pipoca

Após assistir ao filme sugerido conforme o Quadro 16.2, você pode debater e relacionar vários temas fazendo analogias com a importância da criatividade em sua apresentação acadêmica.

Quadro 16.2 Roteiro para discussão de analogia do filme com a criatividade

Filme de referência	Temas relacionados	Questões para debate
Náufrago. Diretor: Steven Spielberg. Ano: 1998. Gênero: drama. Sinopse: Chuck Noland (Tom Hanks), inspetor da Federal Express (FedEx), multinacional encarregada de enviar cargas e correspondências, tem por função checar vários escritórios da empresa pelo planeta. Porém, em uma de suas costumeiras viagens ocorre um acidente, que o deixa preso em uma ilha completamente deserta por 4 anos. Com sua noiva (Helen Hunt) e seus amigos imaginando que ele morrera no acidente, Chuck precisa lutar para sobreviver, tanto fisicamente quanto emocionalmente, a fim de que um dia consiga retornar à civilização.	• Criatividade • Empreendedorismo • Valores • Improviso • Motivação • Sentido da vida • Superação de limites e obstáculos • Adaptação • Ética • Inovação • Perda • Persistência • Sonhos	1. Você pode debater com seus colegas de classe, como mesmo diante de diversas situações desfavoráveis, é possível lidar com as dificuldades utilizando recursos limitados.

Capítulo 17

RECURSOS AUDIOVISUAIS

"Vejam essa maravilha de cenário
É um episódio relicário
Que o artista, num sonho genial
Escolheu para este Carnaval
E o asfalto como passarela
Será a tela do Brasil em forma de aquarela."

Aquarela Brasileira – G.R.E.S. Império Serrano

Objetivos de Aprendizagem

- ► Mostrar como recursos audiovisuais reforçam as palavras da sua comunicação.
- ► Demonstrar a técnica da retenção mnemônica.
- ► Apresentar o conceito da programação neurolinguística (PNL).
- ► Demonstrar os recursos audiovisuais mais utilizados.
- ► Explicar como utilizar dinâmicas de grupo, músicas, dança, filmes em suas apresentações acadêmicas.

Recursos Audiovisuais

Depois de você praticar as técnicas de oratória apresentadas nos primeiros capítulos deste guia, agora é o momento de decidir quais recursos de apoio podem ser mais adequados para transmitir a mensagem principal de sua apresentação acadêmica.

Recursos audiovisuais, quando bem utilizados, reforçam suas palavras, auxiliam na melhor compreensão sobre a exposição do tema da apresentação, já que pode ser lido e visto, além de demonstrar exemplos concretos. Ficar apenas ouvindo uma apresentação pode ser muito cansativo para a plateia se não houver dinamismo por parte do apresentador. Além de tornar a apresentação mais leve e agradável, os recursos visuais e audiovisuais trazem vantagens também para o apresentador, que passa a ter um elemento a mais de apoio que o ajuda a não se perder durante a sua fala.

Há vários recursos, como impressos, visuais, audiovisuais, disponíveis para a comunicação de sua mensagem, como projetores multimídia, televisão, *Compact Disk* (CD), DVD, Blu-ray, videoteipes, filmes, músicas, computadores, folhetos, internet, videoconferências, retroprojetores, tablets, smartphones, quadro de giz, quadro branco, lousas digitais, o velho, porém não menos VHS (*Vídeo Home System*), a famosa fita de vídeo, e outros que podem surgir depois da publicação deste guia. Não há dúvida de que eles complementam uma apresentação, uma aula, uma palestra ou um seminário, afinal, uma imagem vale mais que mil palavras, pois aprendemos mais com visual.

Comentário

Antes que alguém comente: "Nossa, videoteipe?". Sim, isso mesmo, não escrevi errado. Existem regiões remotas no Brasil onde os atuais conceitos modernos de tecnologia ainda não chegaram. Viajei muito neste país e posso afirmar que os contrastes entre várias regiões são grandes, portanto, se este manual chegar à alguma destas regiões remotas, confesso que não tem como não se sentir envaidecido. Utilizem os recursos que têm à disposição, afinal, o que vai contar é o domínio sobre o assunto, conforme já abordei, e se o videoteipe for o que se tem disponível no momento, então utilize como se fosse a melhor tecnologia do mundo. Você já ouviu muito a frase: "Quem não tem cão, caça com gato". Na minha vida cacei muito mais com gatos.

Não há uma regra básica e nem tem como afirmar qual é o melhor recurso audiovisual, pois isso vai depender do tipo de apresentação acadêmica que você vai realizar. Em teses de doutorado, dissertações de mestrado, apresentações de TCC e monografias, geralmente os recursos mais utilizados são apresentação de conteúdo por meio de slides e o exímio domínio da temática. Já seminários e outros tipos de apresentações acadêmicas, dependendo do tempo, permitem que seu tema utilize outros recursos para complementar suas apresentações acadêmicas.

Retenção Mnemônica

Retenção mnemônica é a arte e técnica de desenvolver e fortalecer a memória para reter informações e dados associados a um determinado tema. É uma forma de associar imagens, experiências, dados e informações para melhor memorização de determinado assunto em exposição. Em qualquer apresentação que assistimos aprendemos mais com o visual, conforme demonstram os percentuais na Figura 17.1.

Figura 17.1 Retenção mnemônica

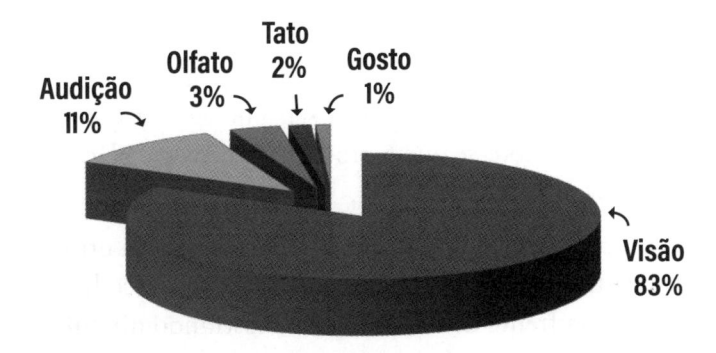

Fonte: Adaptado de Machado (1999, p. 73).

Recursos audiovisuais, quando bem utilizados, auxiliam no aprendizado de forma mais fácil. As pessoas têm melhor capacidade de retenção quando as informações são apresentadas visualmente.

Recursos audiovisuais permitem grande exposição de símbolos, imagens e significados. É importante que você domine a técnica do recurso visual que for utilizar em suas apresentações acadêmicas, pois sempre há um risco de perder o foco. Há grupos de alunos que utilizam recursos audiovisuais para que suas apresentações acadêmicas tenham vida própria, não necessitando de um interlocutor sobre a temática. Não se ausente de sua responsabilidade: recursos visuais devem ser utilizados como complementos da comunicação de sua mensagem.

Você pode utilizar, em suas apresentações, dinâmicas de grupo, filmes, músicas, dança, dramatizações por meio de técnicas teatrais, desenhos animados, fotos etc. A arte oferece infinitas possibilidades e lhe compete a sensibilidade de utilizá-la respeitando suas potencialidades e limitações. Metáforas, imagens, sentimentos e expressões servem para ampliar os caminhos da aprendizagem. A arte faz parte da criatividade, da imaginação e pode ser uma experiência enriquecedora.

Como vivemos em um mundo onde a gestão do conhecimento tem se tornado um desafio, a arte vem para aumentar as possibilidades de intercâmbio, ampliar relacionamentos, percepções e troca de energias, convívio e participação social.

Outra vantagem na utilização de recursos audiovisuais é que podem auxiliar em situações onde não se consegue demonstrar no local de apresentação algum tipo de objeto, como um navio, um avião etc.

Os recursos audiovisuais não podem substituir você, pois seus objetivos são de proporcionar melhor compreensão para seu público e facilitar o entendimento sobre o assunto. Lembre-se que o protagonista é você. Não faça de sua apresentação um "show pirotécnico".

Não dê chance para o imprevisto; conheça bem os recursos que vai utilizar no dia de sua apresentação; saiba utilizar corretamente os recursos escolhidos, evitando possíveis embaraços na frente de seu público e mostrando dificuldade de operação do equipamento, além da perda de tempo.

Programação Neurolinguística

A programação neurolinguística (PNL) é uma ciência comportamental que estuda como as pessoas se relacionam e se comunicam, como tomam as suas decisões e de que modo preferem ser influenciadas. Baseado em suas vivências e experiências, todas as pessoas têm um modelo de mundo que é a interpretação da realidade: é o que podemos chamar de mapas mentais.

Podemos considerar mapas mentais como os canais de comunicação que são as formas como enxergamos, entendemos e compreendemos o mundo em que vivemos procurando estabelecer convívio com as pessoas. Essa percepção de mundo pode ser visual, auditiva e cinestésica, que é o conjunto das percepções olfativa, gustativa, tátil e do movimento, que são os canais de comunicação. Assim, para o visual o bom é bonito; para o auditivo o bom é o harmonioso; e para o cinestésico o bom é o aconchegante.

As pessoas podem ter os três canais de comunicação: visual, auditivo ou cinestésico, mas um canal de comunicação geralmente é mais dominante. Não significa que um canal de comunicação seja melhor que o outro, mas cada pessoa tem uma preferência dominante relacionada inclusive à sua personalidade e essa preferência tende a durar o resto da vida.

Os pesquisadores que estudam a PNL descobriram que algumas pessoas pensam de forma visual, têm preferência por figuras, folhetos coloridos, desenhos e imagens. Outras são auditivas, pensam em sons, tom de voz e palavras. Há as sinestésicas, que demonstram preferência por contato, emoções, sentimentos e sensações.

Observe se os recursos que você utiliza para a realização de suas apresentações acadêmicas têm relação direta com o seu canal de comunicação favorito. Se isso acontece então é hora de mudar. Por exemplo, se você é uma pessoa que gosta de observar bem os detalhes visuais, julga e forma opiniões de pessoas pela aparência, sua percepção e seus sentidos predominantes são mais visuais, ou seja, são eles que vão lhe conduzir a planejar, organizar, desenvolver, criar e realizar apresentações acadêmicas utilizando recursos mais visuais. E aí está o erro, pois em sua plateia poderá haver também pessoas com preferência nos outros canais de comunicação, que não são os seus, neste caso o auditivo e o cinestésico.

Planeje sua apresentação acadêmica considerando os três canais de comunicação, além de agradar, vai direcionar o conteúdo da mensagem de sua apresentação para um número maior de pessoas da plateia. Na plateia podem ter pessoas que conseguem fixar mais o conteúdo de uma mensagem por meio de uma comunicação mais visual – apresentação de slides, imagens, figuras, tabelas, quadros. Outras podem ter preferências auditivas – palavras, pronúncia, a forma que você fala, sua entonação de voz. Há pessoas que são mais sinestésicas – gostam de se envolver, participar de dinâmicas de grupo, questionamentos, prestam atenção no vigor e na motivação de como o orador conduz a apresentação. Na maioria das apresentações acadêmicas é possível aplicar os três canais de comunicação da PNL.

Dominar as técnicas de PNL pode lhe ajudar na preparação de suas apresentações acadêmicas, em específico, na escolha dos recursos e materiais que serão utilizados, como impressos, slides, cartazes, filmes, projetores, enfim, todo tipo de produção combinando os canais de comunicação que melhor possam transmitir o conteúdo de mensagem.

A PNL tem impacto significativo em muitas áreas profissionais, entre elas, psicologia, finanças, legislação, vendas e negócios em geral. Vale a pena se aprofundar mais em estudos sobre a PNL, pois eles vão lhe auxiliar em sua carreira acadêmica e profissional. Há livros, seminários, cursos, palestras e informações no mundo todo.

Na prática

As áreas de marketing e publicidade utilizam muito as técnicas de PNL em comerciais de televisão. Quando o vendedor de uma concessionária de automóveis convida um cliente para fazer um test drive na loja em algum tipo de carro que o consumidor tem pretensão de comprar, o vendedor pode aplicar as técnicas da PNL envolvendo os três canais de comunicação durante a negociação, mesmo sem conhecer o cliente previamente. Há palavras e frases que são mais persuasivas do que outras. Como exemplo, em algumas frases destaquei em negrito as palavras mais importantes conforme o canal de comunicação:

a) Visual: "**Olhe** o **design** deste carro, a **cor**, o seu **brilho**, o **modelo** é esporte, passa uma **imagem** de **arrojado**, seu **estilo** é **jovem**, podemos **customizar** conforme as necessidades do cliente."

b) Auditivo: "Este carro é **silencioso**, **econômico**, **rápido** na troca de marchas e ultrapassagens, tem um som **nítido**, freios **precisos** e motor **potente**."

c) Cinestésico: "Este carro é **grande**, **cabe** toda a família, **aguenta firme** o tranco do dia a dia, é muito **confortável**, o motorista tem **controle** total por meio de seus comandos, é **macio** nas curvas, dá a **sensação** de estar voando, **suporta** bem qualquer tipo de estrada."

Recursos Visuais Mais Utilizados em Apresentações Acadêmicas

Quadro de giz e quadro branco

Nos ambientes acadêmicos, tanto o quadro de giz como o quadro branco continuam sendo os mais conhecidos. Os quadros de giz em sua maioria são encontrados na cor verde, substituindo o antigo quadro-negro. No quadro branco se utiliza pincel de tinta. Ao utilizar este recurso, fique atento ao seu uso com as seguintes dicas:

a. Planeje o que vai escrever de forma antecipada.

b. Mantenha a letra legível com tamanho que toda a sua plateia possa ler.

c. Escreva frases curtas, na ordem de sua apresentação.

d. Utilize várias cores de giz ou pincel de tinta para destacar palavras-chaves.

e. Fique posicionado ao lado do quadro, não fale enquanto estiver escrevendo.

f. O quadro branco é mais limpo, já o quadro de giz faz mais sujeira nas mãos e roupas e o apagador acaba espalhando muito pó, além de provocar alergia para algumas pessoas.

g. Quadros de giz e quadros brancos exigem mais dinamismo de seus apresentadores.

h. São mais flexíveis por permitirem alterações de informações em qualquer momento.

i. Antes de começar a escrever, observe se tem apagadores disponíveis.

j. Você pode escrever por partes, parar, explicar e continuar.

k. Procure olhar sempre para sua plateia. O quadro serve apenas de guia.

l. Se achar conveniente, apague o assunto explicado para que sua plateia não perca o foco.

m. Costumam consumir mais tempo por conta da escrita.

n. Os quadros são muito limitados ao tamanho de sua plateia: dependendo da quantidade de participantes, deve-se optar pela escolha de outro tipo de recurso visual.

Flip chart

O *flip chart* é um tipo de quadro utilizado para apresentações visuais, constituído de um bloco de folhas preso na extremidade superior, sempre apoiado sobre um cavalete. Ao preencher toda a folha, o apresentador deve virar a folha para continuar a escrever, nesse caso dispensa o uso de apagador.

a. É um recurso que permite prévia preparação, pois permite que informações sejam complementadas no momento da apresentação.

b. É interessante realizar um treino para realizar as viradas de folhas, evitando possíveis embaraços.

c. Permite que possa se voltar algum tópico anterior já explicado.

d. É possível destacar palavras-chaves com outras cores.

e. Não fale se estiver escrevendo e procure não ficar de costas para sua plateia.

f. Fale olhando para o público, e não para o *flip chart*. Dê uma pequena olhada para o texto apenas para lhe servir como guia de sua fala.

g. O apresentador pode ganhar muito tempo com sua utilização. É indicado para pequenas plateias.

h. A sua maior vantagem é a possibilidade de ser transportado para qualquer ambiente com facilidade.

Sua utilização vai depender do tipo de apresentação acadêmica que deseja realizar.

Retroprojetor

Se a organização do evento que vai participar disponibiliza apenas o retroprojetor como recurso para apresentação de seus slides, não se desespere, é possível realizar uma boa apresentação mesmo com esse tipo de equipamento.

Com a utilização dos atuais programas de computador, como editor de texto Word® ou PowerPoint®, será possível confeccionar transparências atraentes.

Por não ser utilizado com tanta frequência atualmente, muitas pessoas não sabem como manuseá-lo de forma adequada se atrapalhando um pouco no momento da apresentação. O retroprojetor é um aparelho muito simples de operar. A dica principal é realizar um treinamento prévio:

a. Domine a utilização do retroprojetor, procurando saber operar o equipamento.

b. Fique ao lado do retroprojetor na melhor posição para realizar a troca de transparências sem se atrapalhar.

c. Coloque as transparências na posição correta que serão projetadas, acerte o foco e a imagem da projeção.

d. O retroprojetor deve ficar em um local em que a projeção das transparências possa ser vista por toda a plateia. Veja a posição mais adequada no local da apresentação.

e. Cada transparência é considerada como um slide de sua apresentação.

f. Faça impressão das informações na posição horizontal da transparência para melhor visibilidade.

g. Para mudar as transparências é aconselhável que se desligue o equipamento antes de sua mudança. Ligue em seguida assim que posicionar a transparência seguinte. Se as trocas de transparências forem rápidas, então não há necessidade de desligar o equipamento.

h. O retroprojetor é um equipamento que se adapta para qualquer ambiente.

i. Não precisa apagar a sala toda, apenas a parte onde está a projeção.

j. Se desejar chamar atenção de alguma palavra-chave ou ponto importante, utilize algum tipo de caneta laser. Outro recurso é posicionar a ponta de uma caneta comum sobre a transparência, projetando assim o ponto que você está destacando.

k. Quando posicionar uma transparência, ela é projetada no seu total. Uma forma de fazer com que a plateia não leia tudo o que está sendo exposto é sobrepor uma folha de papel em branco "tampando" o que não deseja que apareça naquele momento. É o que chamamos de técnica de revelação progressiva. Essa mesma folha que está sendo usada para cobrir o restante do conteúdo da transparência pode ter impressão de algum texto que está virado somente para você.

l. A técnica de sobreposição consiste em fazer uma montagem. Você pode criar o texto de determinada explicação em duas ou mais transparências. Você posiciona a transparência no retroprojetor e, após realizar a explicação, ao invés de fazer a troca, você vai sobrepor a transparência onde as informações se completam. Você decide se deseja apresentar as transparências já com a montagem ou se as sobrepõe. Esse recurso dá um certo dinamismo para a apresentação.

m. Não passe entre o retroprojetor e a projeção da imagem enquanto o equipamento estiver ligado.

n. Para criar slides mais atraentes, leia as dicas e sugestões no Capítulo 18.

O retroprojetor já teve seus momentos de má fama por conta de apresentadores que insistiam em ler as transparências, transformando apresentações em verdadeiros martírios. Presenciei muitas delas. Muitos oradores contribuíram para que o retroprojetor tivesse essa fama ruim, tornando-se odiado em muitas apresentações acadêmicas.

Cartazes

O cartazes são mensagens de comunicação que têm como objetivo principal chamar atenção de forma imediata, geralmente apresentam informações básicas. Ao confeccionar cartazes, você pode utilizar, além de textos, imagens, fotos, desenhos e figuras que ajudam a reforçar a mensagem do tema principal. Utilize também cores para evidenciar palavras-chaves e destacar detalhes mais importantes.

Dependendo do tipo de apresentação acadêmica, cartazes permitem um pouco mais de exposição e abuso da criatividade para comunicar sua mensagem principal.

Cartazes são muito eficazes em espaços menores, como salas de aula ou ambientes que ficam expostos e não carecem de projeção. Se o espaço for maior, talvez não seja o recurso mais adequado.

Impressos

Impressos são folhetos que podem ser distribuídos para sua plateia com informações de sua apresentação acadêmica. As informações podem ser completas e entregues ao final da apresentação ou enviadas por e-mail previamente cadastrado, solicitadas ou disponibilizadas em redes sociais acessíveis. Se preferir você pode informar apenas tópicos principais e entregar antes de iniciar a apresentação acadêmica. Há situações em que a apresentação propõe a aplicação de dinâmicas de grupo e a entrega dos folhetos durante a exposição do conteúdo. A decisão de distribuição é dos apresentadores. Apenas procure não perder tempo fazendo com que seu público se disperse.

Folheto

O folheto é uma espécie de guia da apresentação, podendo também conter outras informações, como início, término, tempo de apresentação, nome do tema e dos apresentadores. Certifique-se que a qualidade do material é boa e a quantidade dos impressos será suficiente para todos os presentes de sua plateia.

Projetor multimídia

O projetor multimídia permite conexões simultâneas com computador, aparelho de DVD, vídeo, TV e outros, permitindo fazer projeções para grandes plateias. Usando programas como o PowerPoint® da Microsoft você pode criar uma apresentação que envolve vários recursos audiovisuais simultaneamente, sons, imagens, textos, tudo com alta definição, que podem ser exibidos juntos ou separados.

Até mesmo com um telefone celular ou tablet é possível realizar suas apresentações com uma quantidade quase infinita de recursos que estão disponíveis nesses aparelhos eletrônicos.

Algumas sugestões para quando utilizar projetores multimídia:

a. Se puder, confira a qualidade da projeção do equipamento que será utilizado.

b. Certifique-se da compatibilidade de software, evite mau contato no cabeamento, no som e na imagem com seu computador. Tenha em mãos vários tipos de adaptadores.

c. Solicite auxílio para alguém operar o equipamento avançando ou retrocedendo os slides ao seu comando.

d. Há aparelhos de controle remoto que permitem ao apresentador avançar e retroceder os slides a pequenas distâncias do computador, lhe possibilitando mais movimentação, com isso o orador não fica parado no mesmo lugar. Isso dá um certo dinamismo para a apresentação. Tenha apenas moderação.

e. Existem situações em que a imagem do apresentador também é projetada na tela para que a plateia tenha melhor visualização. Nesses casos convém não ficar andando.

f. Muitas vezes a tela de projeção pode ficar distante do orador, por isso, é interessante que utilize o laser pointer para apontar e destacar algo que achar importante no slide apresentado, facilitando a visualização da plateia.

g. Mantenha contato visual constante com sua plateia, tenha entusiasmo e motivação no que está sendo apresentado.

h. Treine constante a sua fala com o que está sendo projetado. A apresentação deve ser uma ação coordenada.

i. Certifique-se que a projeção está sendo vista por todos os membros de sua plateia.

j. O projetor multimídia é um facilitador para a performance do apresentador. Não esqueça, é um equipamento eletrônico, pode apresentar falhas técnicas e você deve estar preparado para o "plano B".

Se o projetor multimídia estiver fixado no teto da sala de apresentação, não há por que se preocupar com seu corpo atrapalhando a projeção, caso contrário é importante posicionar o equipamento para melhor visualização da projeção para a plateia.

Fotografias

Dependendo do tipo de apresentação acadêmica que deseja realizar, se optar pela exposição de fotos, selecione as que apresentam melhor qualidade e definição para causar mais impacto junto ao seu público.

Uma boa fotografia tem o potencial para transcender a linguagem verbal e escrita. Fotos, quando bem utilizadas, são excelentes recursos didáticos conforme o tema e o tipo de produção acadêmica. Tenha apenas cautela na escolha de uma foto, principalmente se tiver que preservar direitos autorais e de imagem. Alguns cuidados que merecem sua atenção:

a. O uso da fotografia é autorizada pelo fotógrafo, mas quando se trata de uma pessoa, ela é que deve autorizar sua imagem. Nesse caso não é direito autoral, é direito constitucional. Direito de imagem abrange o corpo e as partes isoladas, além da voz. A foto quando é para notícia é livre, mas sua utilização comercial é vedada.

b. Se a foto é de um homem público (vereador, senador, prefeito) ela pode ser utilizada, desde que não seja para fins comerciais. Por exemplo, você pode desenvolver um trabalho acadêmico com tema na área de políticas públicas e utilizar a foto de algum político para ilustração. Mas não pode realizar o lançamento de um livro com a exposição de foto de algum político sem sua prévia autorização.

c. Há fotos que são emblemáticas e podem ser utilizadas. É o caso da atleta Gabrielle Andersen, da Suíça, competindo na Olimpíada de Los Angeles, EUA, 1984. Foi a primeira vez que as mulheres participaram na história da maratona dos Jogos Olímpicos. Depois de percorrer mais de 42km, ela conseguiu cruzar a linha de chegada cambaleando. O estádio acompanhou de pé ovacionando a atleta. Poucos se lembram do nome da atleta que chegou em primeiro lugar, mas a cena de Andersen jamais será esquecida.

d. Existem fotos que quando utilizadas devem ser acompanhadas da respectiva citação de seus autores. Existem fotos ou imagens que são de domínio público, outras exigem recolhimento de *royalties* (é o caso da utilização de alguns monumentos públicos), ou seja, pagamento de direitos pela exploração da imagem.

> ### Curiosidade
> Você sabia que a Arquidiocese da cidade do Rio de Janeiro detém os direitos sobre a imagem do Cristo Redentor? Quem deseja usar a imagem do Cristo comercialmente tem que pedir autorização à Arquidiocese. Em decisão da 3ª Câmara do Direito Privado do Tribunal de Justiça de São Paulo (TJ-SP), foi definido que os direitos patrimoniais do monumento pertencem à Arquidiocese do Rio de Janeiro, portanto, só ela é quem pode permitir ou não o uso da imagem em produtos comerciais.

Dinâmicas de Grupo

Considerando o tipo de apresentação acadêmica que vai realizar e o objetivo a ser alcançado, a técnica de aplicação de dinâmicas de grupo, quando bem utilizada, é um excelente recurso para comunicação e reforço da exposição de sua mensagem. Também são conhecidas como técnicas vivenciais ou jogos de empresas.

Empresas utilizam os recursos de dinâmicas de grupo como instrumentos de treinamento motivacional e para recrutamento e seleção para seus funcionários, que podemos chamar de colaboradores. As dinâmicas de grupo são maneiras de "afinar" as atividades dos colaboradores com a missão e os objetivos da empresa, amenizar conflitos, estimular o debate de reflexões da vida pessoal, autoconhecimento e autoanálise, facilita o aprendizado em comportamentos assertivos, permite a expressão de habilidades e sensibilidades, tudo resultando no renascimento dos potenciais criativos dos seres humanos e reforçando relacionamentos interpessoais mais "saudáveis" em equipes. Há também muitos professores e palestrantes que são adeptos das dinâmicas de grupo.

Dinâmicas de grupo são formas de combater o desânimo, a rotina, a baixa autoestima, as frustrações, a diminuição do potencial criativo, o estresse, a estagnação e o comodismo, as insatisfações e os comportamentos viciosos indesejáveis.

As dinâmicas de grupo ajudam a desenvolver e aumentar a potencialidade das pessoas, energizam suas percepções e consequentemente a melhoria contínua da qualidade de vida, podem ser utilizadas no início, durante ou no término de sua apresentação acadêmica.

A utilização de dinâmicas de grupo no ambiente acadêmico exigirá sensibilidade e esforço pessoal na aplicação dessa técnica.

Facilitador

Assume o papel de facilitador aquele que vai planejar e conduzir grupos e membros da dinâmica de grupo, devendo explorar a criatividade, ser dinâmico, flexível, de preferência ir além da aplicação das dinâmicas pesquisadas e utilizadas.

O facilitador precisa adequar-se ao seu público, e cada situação acaba sendo específica, mesmo que a apresentação do tema se repita várias vezes. Um dos objetivos da aplicação de técnica é o envolvimento e a participação das pessoas, o que significa que podem haver comportamentos e manifestações de inibição, insegurança, ansiedade, medo de se expor por parte do grupo, por isso o facilitador deve ter senso crítico e habilidade para intervenções que necessitam acolher as pessoas.

O facilitador pode assumir várias posturas, como apoiar, elogiar, motivar, informar, ficar calado, desafiar, entre outras coisas, tudo para impulsionar o grupo a atingir os objetivos da aplicação da dinâmica de grupo.

Procure manter como facilitador a harmonia, o equilíbrio e a coordenação do grupo, seja humilde, nada de arrogância. Em dinâmicas de grupo há troca de energias e experiências onde cada pessoa responde de um jeito.

A aprendizagem vivencial é consequência do envolvimento das pessoas em atividades nas quais elas podem viver e ter a oportunidade de analisar o processo de forma crítica e aplicar o aprendizado em seu cotidiano. Os resultados da aprendizagem podem ser positivos e negativos, dependem da execução da dinâmica de grupo, dos facilitadores, da colaboração e do engajamento dos envolvidos e das condições oferecidas para a aplicabilidade da técnica.

Planejamento da Dinâmica de Grupo

Ao realizar o planejamento para o desenvolvimento de sua dinâmica de grupo, considere as seguintes sugestões:

a. Identifique os objetivos a serem alcançados.

b. Há dinâmicas de grupo que acontecem de forma natural ao longo da aplicação; outras necessitam da preparação de material, local e do público.

c. Quando for necessário dividir grupos em subgrupos, é interessante que os grupos tenham formações diferentes, sejam selecionados ou sorteados pelo facilitador, permitindo maior socialização e troca de experiências entre os integrantes.

d. Considere as características do seu público, se é adulto, infantil, adolescente, tipos de crenças, culturas, valores, dificuldades e necessidades especiais, por exemplo: fazer uma dinâmica de grupo onde é necessário que seus participantes corram de um lugar para outro, sendo que há cadeirantes ou deficientes visuais presentes, pode exigir pequenas adaptações ou mudanças na forma de conduzir a dinâmica.

e. Estime o tempo necessário para a aplicação da dinâmica de grupo, dividir bem os temas.

f. Providencie o material que vai ser utilizado. Você pode abusar de sua criatividade para propor novas formas de aplicação de dinâmicas de grupo, adaptando as suas necessidades à sua aplicabilidade.

g. Veja se o local será adequado (sala de aula, auditório, local aberto), valorize o ambiente sempre que possível. Há salas de aula que se limitam apenas a paredes, lousas e carteiras. Dependendo do tipo de apresentação acadêmica, você pode preparar o ambiente com cartazes de mensagens de afeto, valorização pessoal e ornamentos relacionados ao seu tema (bexigas, cartazes, fitas etc.). São detalhes que contribuem e fazem a diferença no resultado final desejado.

h. Se for utilizar equipamentos eletrônicos, como TV, DVD, aparelhos de som, lousas, projetores, entre outros, providencie e teste antecipadamente para evitar possíveis imprevistos e aborrecimentos.

i. Seja convincente na aplicação da dinâmica de grupo. É preciso estar motivado para criar um clima que favoreça a participação de todos.

j. Se for necessário, prepare seu público apresentando de forma resumida os objetivos da aplicação da dinâmica e qual a colaboração que você espera do público.

k. Lembre-se que podem haver pessoas mais tímidas, que têm medo de se expor, se sentem inseguras, podendo se recusar a participar. Procure motivá-las explicando a importância de todos.

l. Há pessoas que são mais atiradas, inclusive querendo conduzir a forma que o facilitador aplica a dinâmica de grupo. Não perca o controle.

m. Selecione boas dinâmicas de grupo fazendo as adaptações que julgar necessárias.

n. Algumas dinâmicas de grupo proporcionam mais espontaneidade, por conta disso podem surgir conflitos. Não perca a calma, pois isso é uma oportunidade para tornar as pessoas mais compreensivas e afetivas.

o. Estimule e incentive a exposição de ideias, sentimentos e pontos de vista de cada um. Todas as contribuições devem ser apreciadas.

p. Podem ocorrer erros na aplicação da dinâmica. Se precisar repita a atividade. Não tenha medo de arriscar ou errar.

q. Não esqueça de fazer o fechamento da dinâmica de grupo e enfatize os pontos relacionados com o tema de sua apresentação.

r. Ao final, agradeça e elogie a participação e contribuição das pessoas.

Grande parte do sucesso de suas dinâmicas de grupo pode estar na forma que vai conduzi-las, em pequenos detalhes. Quanto mais praticar, melhor vai ficando com o tempo.

Há dinâmicas de grupo que, quando bem executadas, transformam pensamentos, mudam atitudes e comportamentos na vida das pessoas. Algumas jamais esquecemos. Também como no capítulo de histórias e metáforas, podem proporcionar vários tipos de sentimentos conforme seus objetivos. Com muita prática e paciência, o facilitador proporcionará excelentes experiências de autodesenvolvimento pessoal para si e para seus participantes.

Sarau Acadêmico

Sugestões de leitura

BRANDÃO, M. S. *Luz, câmera, gestão*: a arte do cinema na arte de gerir pessoas. Rio de Janeiro: Qualitymark, 2009.

O livro é dirigido para gerentes, profissionais, administradores e estudantes da área de gestão com pessoas. Há na obra também a indicação de filmes para outros nichos do conhecimento, possibilitando que programas desenvolvidos nas áreas jornalística, judiciária, médica, publicitária, esportiva, além de outras, possam utilizar essa metodologia. A obra apresenta 60 filmes analisados, 17 curtas-metragens, apresenta ficha técnica e sugestões de temas para debate.

GRAMIGNA, M. R. *Jogos de empresa e técnicas vivenciais*. 2. ed. São Paulo: Pearson, 2007.

A obra apresenta jogos e técnicas vivenciais com instruções de como executar, material necessário, tempo estimado, ilustrações. Os exemplos podem ser adaptados para vários eventos conforme as necessidades específicas. Ideal para profissionais e estudantes que desejam promover integração de relacionamentos pessoais e dinamizar suas apresentações.

JALOWITZKI, M. *Vivências para dinâmicas em grupo:* a metamorfose do ser em 360 graus. São Paulo: Madras, 2007.

A obra de Marise Jalowitzki visa instrumentalizar os facilitadores de grupos de treinamento e desenvolvimento com jogos e vivências fundamentados nos temas de integração e comprometimento. Apresenta modelos e exemplos de dinâmicas de grupo que podem ser adaptadas conforme o tipo de curso, o treinamento, a palestra ou a apresentação.

LUZ, M; PETERNELA, D. **Outras lições que a vida ensina e a arte encena**: **106 filmes para treinamento e desenvolvimento.** Rio de Janeiro: Qualitymark, 2007.

Com linguagem clara e didática a obra fornece argumentos para a exploração das cenas com sugestões de perguntas e ficha técnica do filme. O livro aborda temas atuais e interessantes, como espírito de equipe, liderança, motivação, diversidade humana, valores, ética, entre outros. Cada cena sugerida tem seu início e seu final assinalados em segundos, facilitando a busca da cena.

OLIVEIRA, M. A.; GRAWUNDER, P. **Os filmes que todo gerente deve ver.** São Paulo: Saraiva, 2012.

O livro sugere filmes que permitem bons *insights* sobre a vida nas empresas e nos negócios. A obra procurou apontar filmes que possam ser vistos integralmente combinados com atividade e texto específico do tema a ser trabalhado.

SIOMIONATO, R. G. B. **Dinâmicas de grupo para treinamento motivacional**. São Paulo: Papirus, 2012.

A autora apresenta em seu livro dinâmicas de grupo detalhadas e explicadas, auxiliando pessoas que desejam utilizar tais atividades para o desenvolvimento de recursos humanos tanto no serviço público quanto em empresas. São 22 exemplos de dinâmicas de grupo descrevendo objetivos, material a ser utilizado, procedimento e pontos de discussão.

Espaço musical

Músicas

A partir do conteúdo, do tema e dos objetivos desejados de sua apresentação acadêmica é possível utilizar a música como elemento didático e complemento para comunicação de sua mensagem.

Se bem escolhida, a música pode ser utilizada como recurso discursivo para introdução ou fechamento de sua apresentação acadêmica elevando a reflexão e a metáfora sobre determinada temática.

Há músicas que ajudam a aumentar a concentração e memorização, criam clima de interação, estimulam a participação e cumplicidade do público, além de favorecerem a aprendizagem.

Você deve ter observado ao longo da leitura deste manual a utilização de estrofes de músicas no início e ao final de cada capítulo como forma de contextualizar o tema e elevar a reflexão do leitor. Além de palestras e treinamentos que realizo fora do ambiente acadêmico, costumo utilizar músicas que tenham relação com algum tema conforme a disciplina que leciono no semestre. É um recurso didático que gosto de utilizar. Sempre tem excelente aceitação entre os alunos, tornando as aulas mais leves e interativas.

É incrível como uma simples canção popular pode ocasionar impacto diante dos seus diversos significados. Sempre gera debates calorosos, troca de experiências, opiniões diversificadas, aumenta as possibilidades de construir novas ideias muitas vezes não encontradas em livros, mas vividas em sala de aula com pensamentos diferentes.

Não há limites para a utilização de uma música, pelo contrário, ajuda a reforçar relacionamentos, quebra paradigmas e preconceitos, permite compreender diferenças culturais e sociais, além de reforçar o respeito pelo outro.

Apresento alguns exemplos, conforme Quadro 17.1, de como utilizar letras de músicas para proporcionar discussões em grupo ou individualmente, a partir de metáforas com algumas temáticas com gêneros musicais diferentes. Mas antes, a partir dos links a seguir, pesquise na internet as seguintes músicas:

a. **De Bem com a Vida** – Rionegro e Solimões. Disponível em: <http://letras.mus.br/rio-negro-e-solimoes/130971/>. Acesso em: 24 jun. 2016.

b. **Que País é Esse** – Legião Urbana. Disponível em: <http://letras.mus.br/legiao-urbana/46973/>. Acesso em: 24 jun. 2016.

c. **Xibom Bombom** – As Meninas. Disponível em: <http://letras.mus.br/as-meninas/44262/>. Acesso em: 24 jun. 2016.

Em seguida, após pesquisar e escutar as letras das músicas anteriormente apresentadas, no Quadro 17.1 apresento alguns exemplos de como relacioná-las com determinado tema.

Quadro 17.1 Exemplos de utilização de músicas relacionadas com temáticas

Música, autor e gênero	Questões para debate
De Bem com a Vida - Rionegro e Solimões - Sertanejo	1. Pode-se relacionar a música De Bem com a Vida com entusiasmo, motivação, perseverança, importância de ser feliz, esforço e sacrifício para conquistar as coisas.
Que País é Esse - Legião Urbana - Rock	2. Temáticas como corrupção, diferenças sociais, atuação dos políticos no Brasil, questões econômicas, esperança, a questão de como o índio é tratado em nosso país podem ser discutidas e debatidas.
Xibom Bombom - As Meninas - Axé	3. Com a letra desta música é possível sugerir um debate fazendo a metáfora com a má distribuição de renda, antagonismo e divisão de classes sociais no Brasil.

Música instrumental

A música instrumental é mais lembrada em trilhas sonoras de filmes. Ao escutarmos algumas trilhas sonoras, imediatamente vem à mente as cenas do filme em questão, bastante sugestivas para serem relacionadas com algum tema de suas apresentações. Algumas encantaram multidões no mundo todo, conseguiram despertar sentimentos positivos ou negativos relacionados diretamente com nossas emoções. Lembra da trilha sonora de algum dos filmes do Quadro 17.2?

Quadro 17.2 Trilhas sonoras de filmes

Filme	Música
Psicose (1960)	Bernard Herrmann
O Poderoso Chefão (1972)	Nino Rota
Rocky (1976)	Bill Conti
Indiana Jones (1981)	John Williams
Missão Impossível (1996)	Danny Elfman

Se quer relembrar ou está curioso para conhecer, então pesquise na internet as trilhas sonoras desses filmes. Depois realize um debate com seus colegas relacionando possíveis semelhanças com algum sentimento positivo ou negativo, com temas ou com alguma cena marcante caso tenha assistido alguns dos filmes.

Dicas legais para utilizar músicas em suas apresentações

Se for utilizar músicas como ferramenta de dinamização de suas apresentações acadêmicas, considere algumas sugestões em suas escolhas:

a. Mantenha o hábito de ouvir música e apreciar sua letra.

b. Você pode utilizar apenas uma estrofe ou toda a letra da música. Se desejar, apresente por slide ou material impresso para que o seu público acompanhe.

c. Treine cantando as músicas que vai utilizar em suas apresentações. Cante do seu jeito, sem imitar o autor. Não quer dizer que precise cantar durante a apresentação, a não ser que faça parte, mas é mais uma forma de praticar o prazer de escutar sua própria voz.

d. Seja seletivo ao escolher a música e ao relacionar com o tema e os objetivos desejados. Certifique-se que a música é pertinente.

e. Saiba reconhecer uma boa letra de música mesmo que seja de outro gênero que você não curte muito, quebre barreiras, não crie preconceitos, sempre há espaço para música boa.

f. Todos os gêneros podem ser utilizados, axé, bossa-nova, canções regionais ou folclóricas, hip-hop, instrumental, jazz, música clássica, prece, reggae, rock, samba, sons de natureza, sertanejo, trilha sonora, enfim, vai depender de sua sensibilidade, criatividade e necessidade.

g. Utilizar música exige uma certa abstração sobre o tema e conteúdo apresentado, seja criterioso na escolha.

h. Você pode realizar atividade de forma individual, em grupo ou, dependendo da situação, apenas estimular a reflexão. Vai depender de tempo e material que tem disponível para desenvolver atividade com o grupo.

i. Envolva seu público de forma que possa compreender a totalidade da letra contextualizada ao tema da sua apresentação acadêmica.

j. Se for preciso, explique para seu público os motivos da utilização da música e o contexto dela com o tema apresentado.

k. Não deixe de citar ou dar os devidos créditos dos autores das músicas quando utilizadas.

 Dica legal: a música pode ser utilizada como apoio a um tema ou texto de sensibilização, pode motivar, energizar, celebrar, iniciar ou terminar sua apresentação acadêmica. Isso vale também para a utilização de poemas.

Dança

Assim como a música, a ideia de sugerir a utilização de dança em dinâmicas de grupo vai depender de seus objetivos como já citei. A dança é estimulante, energiza e socializa. Com a dança se pode desenvolver habilidades, como paciência, flexibilidade, empatia, harmonia, gentileza e flexibilidade.

Por exemplo, a dança de salão é uma atividade na qual se espera que a dama tenha flexibilidade para ser conduzida conforme as mudanças de passo e condução do cavalheiro. Tanto cavalheiro quanto dama tentam dominar os passos, tornando a relação harmônica conforme o ritmo da música.

Em atividades profissionais que se tem relacionamento com clientes, podemos fazer a comparação com a dança, onde você fica à disposição de seu cliente procurando atendê-lo da melhor forma possível, entendendo, servindo, ajudando-o a resolver os seus problemas.

Recurso da dança

Utilizar o recurso de dança em uma dinâmica de grupo pode ajudar a:

a. Provocar a desinibição e melhorar a autoestima.

b. Desenvolver a coordenação psicomotora, a agilidade e a flexibilidade.

c. Estimular a reflexão, a percepção de conceitos e a aceitação de novos desafios.

d. Aumentar o relacionamento e o bom humor.

e. Desenvolver a criatividade, a interação social e a autoconfiança.

No caso do Brasil, as músicas podem ser selecionadas conforme a região e a cultura local. Dança e música proporcionam movimentos, ajudam a desenvolver a interação entre as pessoas, quebram bloqueios psicológicos e timidez, são relaxantes e estimulam a autoestima, sendo uma excelente ferramenta para ser utilizada como forma de comunicação verbal e não verbal.

 Dica legal: a dança é uma atividade prazerosa, contagiante e sempre faz com que o ambiente fique mais alegre. Se tiver oportunidade, matricule-se em uma acadêmica de dança de salão: depois de alguns meses você vai perceber o que a experiência lhe proporciona.

Sessão pipoca

Após assistir aos filmes sugeridos no Quadro 17.3, você pode discutir os temas para debate relacionando com a dança.

Quadro 17.3 Roteiro de analogia de filmes com a dança

Filmes de referência	Temas relacionados	Questões para debate
Dança Comigo? Diretor: Peter Chelson. Ano: 2004. Gênero: drama. Sinopse: John Clark (Richard Gere) é um advogado que leva uma vida rotineira. Diante disso resolve se matricular na academia de dança da bela professora Paulina (Jennifer Lopez) e acaba descobrindo que dançar é muito divertido e relaxante.	• Adaptação • Criatividade • Comunicação • Flexibilidade • Potencial • Sinergia • Sensibilidade • Competição • Sentido da vida • Motivação • Relacionamento • Interação • Empatia • Autoestima • *Feedback* • Socialização	1. Parte dos desafios em relacionamentos é entender e aceitar as diferenças das pessoas. Quando se desenvolve trabalhos em grupo, é preciso manifestar opiniões, ideias, emoções, boa comunicação para atingir objetivos com bons resultados. Minha sugestão é que você assista todo o filme, procurando identificar e discutir os temas relacionados.
Perfume de Mulher. Diretor: Mart Brest. Ano: 1993. Gênero: drama. Sinopse: Frank Slade (Al Pacino), um tenente-coronel cego, viaja para Nova Iorque com Charlie Simms (Chris O'Donnell), um jovem acompanhante com quem resolve ter um final de semana inesquecível antes de morrer. Porém na viagem ele começa a se interessar pelos problemas do jovem, esquecendo um pouco sua amarga infelicidade.		2. Destaco para você assistir a partir de 1h19min até 1h27min, a famosa cena em que Frank dança um tango. Após assistir à cena do filme, é possível relacioná-la com temas como desenvolvimento de sensibilidade, sentido da vida, sinergia, motivação e relacionamento.

Filmes

O cinema é a arte que mais caracterizou o século passado, desde sua criação, em 1895, na França, pelos irmãos Lumière. Nenhum meio de comunicação mostrou com tanto realismo as situações vividas pelas pessoas no seu cotidiano e no seu trabalho.

Filmes envolvem e mobilizam aspectos emocionais, exploram a percepção individual, além de promover a discussão de valores, julgamentos, paixões, opiniões pessoais e de grupo, sendo uma excelente ferramenta didática quando bem trabalhada. Quando todos aprendem se divertindo, o processo de fixação de um tema é muito melhor.

Os filmes permitem que cada pessoa possa compreender a teoria relacionada a um determinado tema de forma reflexiva, ampliando suas competências, habilidades e capacidade de discernimento. Filmes são excelentes como metodologia no ensino-aprendizagem, pois a partir de sua exibição e de seu debate possibilitam treinamento construtivista, motivam mais participação e integração de grupos, enriquecem o compartilhamento e a visão de ideias diferentes.

Filmes podem propiciar metáforas sobre temas universais, têm grande poder de convencimento e persuasão, permitem comparar situações vivenciadas, estimulam a reflexão psicológica, sociológica, religiosa, cultural e ética.

A escolha dos filmes devem ser consideradas a partir de sua temática e o tempo que têm para realizar o tipo de apresentação acadêmica. Em situações que não pode exibir o filme inteiro, faça opção por selecionar algumas cenas que tem relação com o conteúdo.

Dicas legais para escolha de filmes

Se for utilizar filmes ou cenas como parte de sua apresentação acadêmica, apresento algumas sugestões:

a. O filme deve ser escolhido de forma cuidadosa, de acordo com o tema da apresentação.

b. Considere o perfil de seu público, faixa etária e aspectos relacionados à situação específica do tema.

c. Dimensione o tempo que tem disponível para a utilização da cena do filme considerando o debate posteriormente.

d. Identifique o enfoque e os pontos a serem debatidos.

e. Estude, prepare e deixe a cena no ponto. Não faça isso durante a apresentação para não perder tempo.

f. Informe a duração aproximada e as características (dublado, legendado, colorido, preto e branco etc.) ao seu público, se achar importante.

g. Os facilitadores devem assistir ao filme na íntegra de forma prévia anotando cenas que serão trabalhadas sobre o tema, seu início e término e se há necessidade de algum material complementar. Há filmes que apresentam várias edições e versões diferentes, o que faz com que o tempo do filme tenha duração de acordo com a versão exibida.

h. Cuidado com cenas fortes de sexo, nudez e violência exibidas de forma gratuita sem qualquer relação com o tema, não que eu deseje praticar algum tipo de puritanismo ou censura, mas devemos ser cautelosos ao ambiente público. Considere esses aspectos e aprenda a lidar com situações que às vezes podem não ser muito agradáveis ou desconfortáveis e que podem surgir em decorrência da força do tema ou do debate após exibição do filme.

i. Se for necessário, explique ao seu público os reais objetivos da utilização do filme, descreva a sinopse, as críticas ou os elogios sobre o filme, o diretor, os atores principais, o ano, enfim, as informações que julgar importantes.

j. Se possível teste os aparelhos antecipadamente, verifique se o volume do som é adequado e de boa qualidade.

k. Mantenha a sala escura para melhor projeção da imagem e para evitar dispersão do público.

l. Se utilizar filmes em formato de arquivos multimídia certifique-se de sua compatibilidade previamente com os equipamentos e programas de computador disponíveis.

Deixando legado

Certa vez encontrei com uma ex-aluna, já formada, e tivemos uma conversa rápida. Ela me contou sobre suas conquistas, como o curso fez diferença na sua vida pessoal e profissional, que se tornou uma pessoa melhor, entre outras coisas. Mas o que mais marcou a nossa conversa para mim foi a seguinte parte de sua fala:

"Jamais vou esquecer o legado que vários professores deixaram ao longo desses anos. Aprendi muito com todos e hoje utilizo – em treinamentos que realizo em encontro de jovens – um filme que você exibiu no primeiro semestre da faculdade. Utilizo o filme para debate e discussão sobre a importância da liderança, da formação de equipe, da transformação de objetivos individuais em objetivos comuns, da autoestima e perseverança, além de questões éticas... eles adoram e aprendem muito, pois são jovens com idade entre 13 a 15 anos."

A declaração da aluna já valeu todo o esforço realizado, pois ela simplesmente passou à frente seu conhecimento e com criatividade procurou motivar seu grupo a realizar reflexão sobre temas difíceis de lidar no dia a dia.

O uso de recursos visuais com filmes contribui para que as pessoas possam ilustrar e fixar conceitos subjetivos e complexos – já que "uma imagem vale mais do que mil palavras" –, enriquece o processo de aprendizado e torna a teoria mais interessante, facilitando a discussão e prendendo a atenção do público.

Utilize o recurso com cuidado, pois alguns filmes tendem a gerar discussões longas e eventualmente sem foco. Procure assistir a filmes com outros "olhos", buscando suas relações com temas em questão, reconhecendo símbolos e significados que muitas vezes ficam submersos.

Os filmes estimulam reflexões específicas e levam a discussões frequentemente difíceis de conduzir. Ao utilizar salas de aula, auditórios ou qualquer outro tipo de espaço físico, certifique-se da qualidade da imagem e do som, motivando a participação do público.

Capítulo 18

SLIDES: COMO PRODUZI-LOS E TORNÁ-LOS MAIS ATRAENTES

"Pela janela do quarto
Pela janela do carro
Pela tela, pela janela
(quem é ela, quem é ela?)
Eu vejo tudo enquadrado
Remoto controle."

Esquadros - Adriana Calcanhoto

Objetivos de Aprendizagem

► Mostrar como iniciar a confecção de slides a partir de um script.

► Explicar o desenvolvimento da estrutura de ideias em ordem lógica.

► Ressaltar informações de dados e imagens.

► Demonstrar como evitar fazer slides cansativos.

► Tornar slides mais atrativos através da mensagem principal.

► Criar identidade visual através de fontes, palavras chaves e figuras.

► Evitar poluição visual.

► Considerar cores, gráficos, tabelas, gráficos, animações e sons como diferenciais nos slides.

► Descrever a correta utilização do PowerPoint® evitando templates do tipo padrão.

Slides: Iniciando a Confecção de Slides a Partir de um Script

Muita gente diz que cozinhar é uma arte. Saber cozinhar um arroz, um feijão, preparar um bife, uma salada, todo mundo pode até saber fazer, mas nem todos têm o mesmo talento para temperar e preparar o visual da comida. Até mesmo com pratos simples como esses é possível arrancar elogios de um grande chef gourmet. Isso acontece também com os slides: todo mundo pode até saber fazer, mas é preciso dar vida para eles. O que vamos fazer a seguir é exatamente "temperar" nossos slides.

Confecção de Slides

As sugestões a seguir para criar slides para sua apresentação acadêmica independem do tipo de equipamento que você vai utilizar, seja um projetor multimídia, retroprojetor etc.

a. Inicie a confecção de seus slides a partir de um script, um roteiro de como deseja realizar sua apresentação acadêmica, que pode ser feito em uma folha de papel ou se preferir no editor de texto Word®. Assim como acontece em filmes no cinema e em peças de teatro, um roteiro é uma história, uma narrativa que tem por objetivo mostrar o caminho a ser percorrido, definir a estrutura e a sequência lógica das ideias e das partes da apresentação passando por início, meio e fim. Nenhum diretor de cinema inicia as filmagens de seus filmes sem ter um script na mão.

b. Estruture suas ideias em ordem lógica da realização da apresentação acadêmica. Mantenha uma linha de raciocínio e coerência, deixando tudo organizado e sequencial.

c. O conteúdo dos slides, como informações de textos, dados ou imagens, deve ser selecionado com bastante critério. Apresente o que for mais relevante e impactante para transmitir sua mensagem. Use elementos visuais, como gráficos, tabelas, quadros, imagens que tornam os slides mais atraentes.

d. Pense no tipo de questionamento que pode receber de seu público pela exposição dos slides, por isso dominar o assunto é muito importante.

e. Uma apresentação acadêmica bem construída é aquela que consegue expor bons slides, bom conteúdo e boa oratória. Um está ligado ao outro. Não adianta fazer slides bonitos com conteúdo ruim ou apresentar sem o domínio do tema.

f. A confecção do slide deve ser coerente com o perfil dos oradores. Quando a apresentação acadêmica é realizada em grupo e cada membro vai falar um pouco, é importante que os slides mantenham o mesmo padrão, ou seja, não devem ser feitos slides diferentes.

g. Prepare sua apresentação baseada no tempo que tem disponível para a exposição do conteúdo. Calcule se haverá pausas para café, reserve os minutos finais da apresentação para esclarecimento de dúvidas e perguntas. Caso a plateia possa participar, reserve alguns minutos a mais.

h. Considere o que é mais importante em sua fala, o que o seu público espera e qual assunto será apresentado. Você deve colocar as palavras-chave que podem lhe auxiliar a lembrar o que vai ser explicado, servindo como uma espécie de guia. Escolha a palavra certa, aquela que vai ficar na mente do seu público, que pode ajudar a levá-lo a uma reflexão.

i. Apresentar muitos slides pode se tornar cansativo para seu público e ficar desinteressante. A prática de realização de apresentações em público vai resultar em acumular-lhe experiência para definir a quantidade ideal conforme cada apresentação. Não tenho como estipular um número ideal, pois vai depender do local, do tempo disponível, dos objetivos etc.

j. A apresentação de slides não pode ser chata e tem que prender atenção da plateia. É preciso dar vida e dinamismo aos slides. Você pode iniciar sua apresentação fazendo algum tipo de questionamento, uma provocação, uma metáfora criando uma expectativa ou um clima para sua plateia.

k. Os slides devem ficar expostos em lugar que possa ser visto por toda a plateia. Seu apresentador deve evitar, tanto quanto possível, não cobrir os slides com o corpo, utilizar aparelho do tipo laser, evitando tocar ou apontar com os dedos os tópicos apresentados nos slides, e, sempre que possível, testar a qualidade do equipamento e da claridade da luz onde o equipamento será utilizado.

l. Alguns oradores como estratégia tocam nos slides, mostrando assim maior interação, como se fizessem parte dele, fazendo uma espécie de conexão com a informação apresentada, muito interessante quando bem realizada.

m. Ao confeccionar seus slides, você deve considerar a mensagem principal que deseja transmitir de sua apresentação acadêmica, o perfil de seu público e o tipo de linguagem a ser utilizada, se deve ser técnica, formal, informal ou descontraída. Quando você estiver com o roteiro pronto, então pode começar a elaboração de seus slides usando as técnicas para uma apresentação visual.

n. Para que você possa persuadir e convencer melhor seu público, a apresentação de dados estatísticos deve ser acompanhada de suas respectivas fontes de pesquisa, pois transmitem mais credibilidade. As pessoas têm melhor capacidade de retenção quando as informações são apresentadas visualmente.

Criando a Identidade Visual de seus Slides

Seus slides podem ser confeccionados utilizando fontes de texto, dados, imagens, gráficos, tabelas, quadros, figuras e ilustrações que devem ter coerência com o tema e os elementos que são mostrados em toda a apresentação.

Ao confeccionar seus slides, procure criar uma identidade visual, uma espécie de design, tornando a apresentação agradável para seu público. A clareza das ideias deve estar presente no modo como você as mostra para o público.

Não precisa ser especialista em design, mas algumas regras básicas auxiliam muito para deixar seus slides mais bonitos, com visual mais atraente, agradando sua plateia. Não faça de seus slides uma folia de Carnaval, evite poluição visual e padronize os slides, tornando-os uniformes.

Há pessoas que absorvem melhor o que ouvem enquanto que outras absorvem melhor o que veem. O orador deve relacionar imagem e discurso para transmitir a mensagem para seu público.

Há ocasiões em que a leitura é obrigatória, por conta de protocolos que devem ser seguidos, são situações mais formais. Nesses casos deve-se seguir a solenidade programada. Ocasiões como uma formatura exigem discurso por escrito. Apresentações de TCC, monografias, dissertações de mestrado e teses de doutorado e congressos geralmente têm suas saudações de abertura mais formais: a ideia principal é mantida, mas as palavras podem ser improvisadas.

Ao ouvir seu discurso, é natural que as pessoas da plateia convertam as palavras em imagens conforme suas experiências e referências, por isso cada um pode acabar fazendo uma interpretação de acordo com sua vivência pessoal. É aí que uma imagem não deixa dúvidas e ajuda a conduzir a interpretação e direcionar o raciocínio do público para a mensagem da sua apresentação. Quanto mais eficientes forem as mensagens visuais e verbais, melhor será o entendimento de seu público.

A linguagem visual é excelente para estimular a memorização dos argumentos utilizados durante a apresentação. As informações visuais, principalmente imagens, são absorvidas mais rapidamente. Alternância de imagens desperta atenção do público. Cada slide apresentado significa uma nova chance de surpreender seu público.

Para confeccionar seus slides, não há regras rígidas, mas sugestões e referências que você pode utilizar e adaptar conforme sua conveniência e seu tipo de apresentação acadêmica.

Inicie o desenvolvimento da estrutura de sua apresentação fazendo um esboço ou rascunho dos slides. Ao criar os slides, avalie o que vale a pena mostrar e combinar, como textos, imagens, tabelas, animações, filmes e gráficos.

Curiosidade

Slide: dispositivo em preto e branco, ou a cores, para projeção de quadros inanimados em cinemas, televisão, salas de conferências, de aula ou ao ar livre. Também significa fita magnética que permite a gravação de som.

A Fonte dos Slides

As fontes utilizadas nos slides podem provocar sensações e emoções diferentes em sua plateia. Apresento algumas sugestões para utilização de fontes de seus slides:

a. O primeiro slide a ser criado é a capa da sua apresentação. É uma espécie de introdução com informações, como nome da instituição que estuda, professores, apresentadores, tema, data, local etc.

b. Utilize letras maiúsculas e minúsculas.

c. Opte por fontes grandes para que todas as pessoas de sua plateia possam fazer a leitura. Utilize o tamanho de fonte 28.

d. Dê preferência para fontes do tipo *Arial* ou *Times New Roman.*

e. Evite fontes que tenham muito desenho e dificultam a leitura.

f. Se o equipamento que vai utilizar para apresentação de seus slides não for o seu, certifique-se que a versão do programa a ser utilizado, no caso de um PowerPoint®, por exemplo, para leitura dos seus arquivos é compatível. A sugestão é que arquivos desenvolvidos em PowerPoint®, ao final da confecção dos slides, sejam salvos no formato – Apresentação de slides do PowerPoint®, do tipo extensão ppsx.

g. Sempre há dúvidas quanto ao tamanho ideal. Para saber se está bom, faça o seguinte teste: segure seu slide com o braço estendido. Se você conseguir ler o que está escrito, o slide será legível e poderá ser visto por todos de sua plateia quando for projeto, até para aqueles que estão nas últimas fileiras. Existe ainda outra técnica: coloque o slide no chão, se você conseguir ler, ele será legível também para sua plateia.

Palavras-Chave para os Slides

Para continuar tornando seus slides mais atraentes, conheça outras sugestões que podem fazer a diferença para prender atenção de seu público e que estão relacionadas às palavras-chave:

a. Coloque nos slides palavras-chave como forma de auxiliar e lhe dar mais segurança, evitando acontecer o tal "branco".

b. O uso de poucas palavras no slide passa mais credibilidade para você, pois o público reconhece que o apresentador domina o tema que está sendo exposto.

c. Desenvolva parágrafos com até sete palavras no máximo, exceto se precisar de algum texto que seja apresentado com conteúdo maior para realizar algum tipo de explicação.

d. Não há uma quantidade padrão de parágrafos por slide, pois isso vai depender da combinação de imagens e texto que você utilizar.

Ler textos grandes em slides acaba resultando em um descrédito para o orador, já que passa uma imagem para o público de que o seu apresentador não se preparou suficientemente.

> **Ler textos grandes em slides**
>
> É a mesma coisa que declarar para seu público que você não é analfabeto, que sabe ler. Como você se sentiria se fosse a alguma palestra onde o orador apenas lê os slides? Fuja de textos grandes, procure se orientar apenas por palavras-chave.

Para cada slide de texto crie um título principal, geralmente exibido no topo do slide, uma espécie de tema, e um subtítulo para cada tópico de assunto que deseja abordar, pertencente ao tema principal do momento da apresentação. Para destacar melhor, use o tamanho da fonte do título principal do slide, sempre um pouco maior que o texto do corpo do slide dos tópicos. Aplique uma cor diferente e destaque em negrito o título do slide.

Figura 18.1 Slide com título e subtítulos

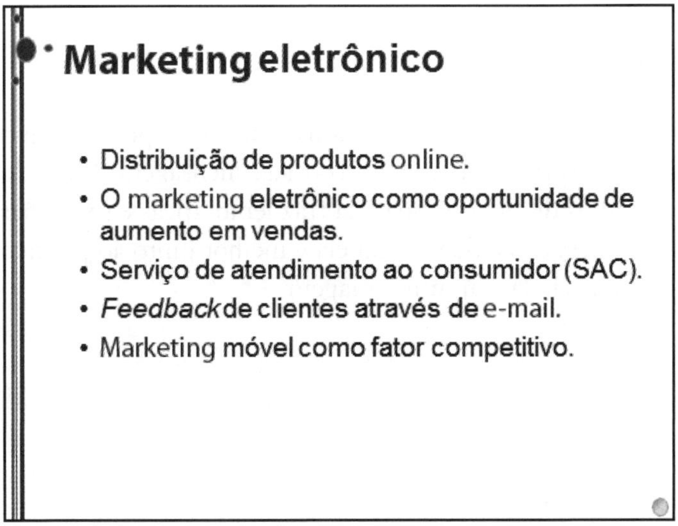

Marketing eletrônico

- Distribuição de produtos online.
- O marketing eletrônico como oportunidade de aumento em vendas.
- Serviço de atendimento ao consumidor (SAC).
- *Feedback* de clientes através de e-mail.
- Marketing móvel como fator competitivo.

Para o público fica mais fácil relacionar os tópicos apresentados na Figura 18.1 com o tema principal Marketing eletrônico. Se o tema for diferente, crie um novo slide conforme a Figura 18.2.

Figura 18.2 Slide com título e subtítulos de um novo tema

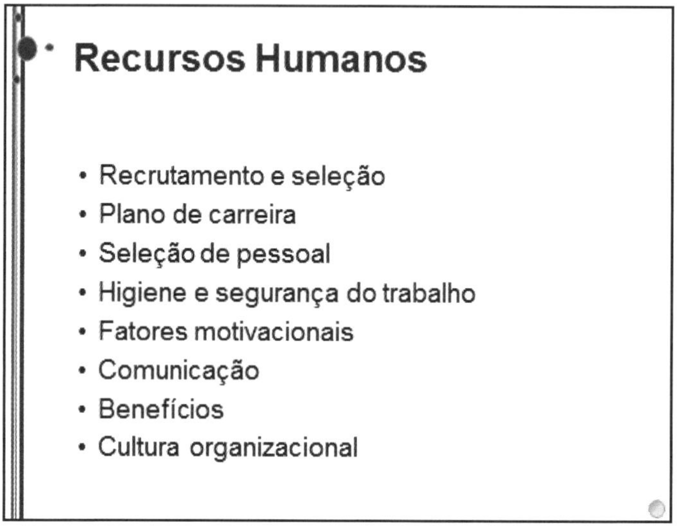

Evite inserir mensagens em um único slide. Muito conteúdo no mesmo slide pode dispersar a assimilação e retenção da mensagem principal. Os esforços devem ser direcionados para ilustrar o slide da melhor forma possível.

Imagens nos Slides

Se utilizar imagens, faça suas escolhas considerando o tema, os tópicos e o tipo de emoção que deseja transmitir, procure valorizar sua mensagem. Quando uma imagem chega aos olhos de uma pessoa, ela traz lembranças e sensações que podem ser positivas e negativas. Sua audiência é melhor junto ao público quando a apresentação é associada a alguma imagem.

Há também os famosos cliparts, que são coleções de desenhos, diagramas, mapas e outros elementos gráficos protegidos por direito autoral ou colocados em domínio público. Em apresentações profissionais evita-se o uso de cliparts em excesso para não dar um aspecto mais infantil. Essa dica vale também para sua apresentação acadêmica. Clipart pode ser encontrado em pacotes de programa de computador Office® da empresa Microsoft ou comercializados.

Já os ícones são imagens simples e universais, muito utilizados em placas e sinalizações, sendo ótimas alternativas para ilustrar seus slides, além de fáceis de serem interpretados.

Imagine um corretor de imóveis preparando um slide para explicar ao diretor da imobiliária os motivos da queda de vendas de imóveis. Como exemplo, na Figura 18.3 é apresentado um slide com as palavras-chave que o orador vai utilizar para a explicação de cada tópico, apenas com textos, sem nenhuma imagem.

Figura 18.3 Slide apenas com palavras-chave, sem imagem

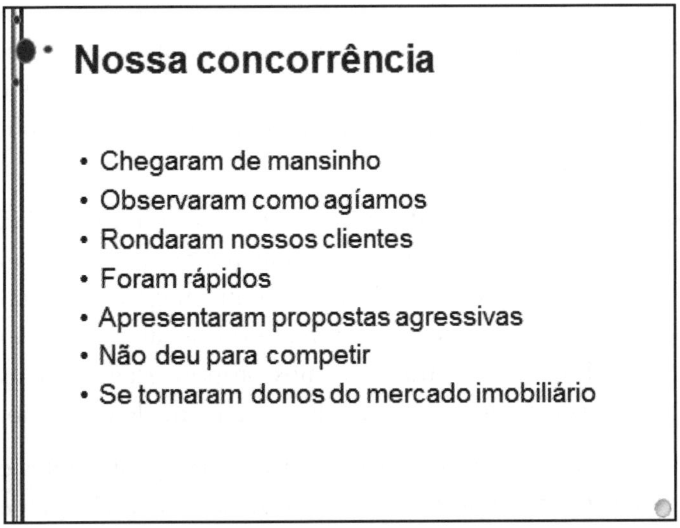

Nossa concorrência

- Chegaram de mansinho
- Observaram como agíamos
- Rondaram nossos clientes
- Foram rápidos
- Apresentaram propostas agressivas
- Não deu para competir
- Se tornaram donos do mercado imobiliário

Figura 18.4 Slide com imagem

Comparando a Figura 18.3 com a Figura 18.4 podemos observar que uma imagem "fala mais que mil palavras". O corretor de imóveis pode utilizar a Figura 18.4, que é mais impactante, e argumentar com as informações apresentadas na Figura 18.3. Com as imagens você pode trabalhar metáforas e comparações que, quando bem utilizadas, facilitam a compreensão do público. A imagem "fala" por si mesmo.

Cuidado na utilização de imagens para não violar direitos autorais. Há banco de dados de imagens profissionais com variadas políticas relativas ao uso de fotos. Existem banco de dados que disponibilizam imagens gratuitamente, outros exigem pagamento conforme o tamanho e local onde serão usadas. Antes de fazer os downloads, informe-se nos próprios sites sobre as normas de uso. Procure utilizar imagens com melhor qualidade de resolução.

É importante ressaltar que ao utilizar tabelas, gráficos, imagens, fontes e informações de outros autores, você procure demonstrar as devidas citações e referências evitando assim plágio e apresentando suas ideias de forma honesta, prezando pelas questões éticas conforme já comentado neste guia.

Sugestões para Consulta de Sites de Banco de Imagens

- **Dreamstime**: http://www.dreamstime.com
- **FreeDigitalPhotos.net**: http://www.freedigitalphotos.net
- **Getty Images**: http://www.gettyimages.pt
- **Morguefile**: http://www.morguefile.com
- **Photos.com**: http://www.photos.com
- **Shutterstock**: http://www.shutterstock.com
- **Thinkstock**: http://www.thinkstockphotos.com

Evitando Poluição Visual

Para tornar seus slides mais atrativos, faça seu desenvolvimento considerando os seguintes aspectos:

a. Crie slides com harmonia visual, com disposição bem-ordenada de texto e imagem.

b. Evite "poluição visual" com muitas imagens e textos sem conexão alguma com o tema.

c. Homogeneidade, ou seja, composição uniforme dos elementos. O cérebro humano busca padrões e alinhamento, logo imagens bem combinadas geram conforto e despertam mais interesse no assunto exposto.

d. Considere imagens e textos sendo divididos e distribuídos em linhas verticais e horizontais na tela de seu slide.

Figura 18.5 Slide com imagem e texto

Cores em seus Slides

Na identidade visual estabeleça um padrão para utilização de cores considerando os aspectos da cor associados ao tema e ao público. Cores são importantes em nossa vida. Há muitos estudos que mostram como as cores podem gerar sensações e emoções diferentes. A cor certa pode ser persuasiva e motivadora.

Curiosidade

Na América Latina, o luto é expressado pela cor preta. Na China, a cor que representa o luto é o branco. A cor vermelha sempre foi associada ao partido comunista.

Conhecer bem as cores pode ajudar a evitar uma apresentação ruim. Há as cores quentes (laranja e vermelho) e as frias (verde e azul). Cores frias funcionam melhor no fundo de um slide, pois dão a impressão de que se afastam, já as cores quentes funcionam melhor na frente, no texto, pois elas parecem se aproximar de nós. Se o local onde vai realizar a apresentação é escuro, faça opção por um fundo de slide escuro e texto em branco. Mas se o local for muito iluminado, um fundo mais claro com texto em preto surtirá mais efeito.

No início do desenvolvimento e da confecção de slides, com pouca ou nenhuma habilidade, faça opção por slides com fundo branco e texto na cor preta ou azul-marinho. É uma forma de criar uma identidade visual. Com a prática você vai se arriscando a utilizar outras cores.

A utilização de fundos pretos ou brancos permite a criação de slides mais neutros, não polui quando se necessita combinar cores, além de permitir a leitura de letras de diversas colorações. Veja as diferenças conforme o Quadro 18.1.

Quadro 18.1 Diferenças da aplicação de cor para fundo de slide

Fundo preto	Fundo branco
Formal	Informal
Ruim para impressos	Bom para impressos
Melhor em ambientes maiores	Melhor em ambientes menores
Não interfere na luminosidade	Ilumina o ambiente

É possível perceber uma padronização nas cores em:

a. Maternidades e consultórios médicos, pois são utilizadas cores pastéis na pintura de quartos para transmitir tranquilidade.

b. Em shows de rock, onde há uma preferência pela cor preta na produção do material publicitário.

c. Em restaurantes, pois as cores vermelha e laranja estimulam o apetite.

d. A empresa Petrobras utiliza uma identidade visual para apresentações nacionais – em que destaca as cores verde e amarelo – e outra identidade visual para as apresentações internacionais – em que destaca a cor azul.

e. Há produtos que têm embalagem com identidade visual padronizada independentemente da marca, por exemplo: a embalagem de café utiliza as cores marrom-escuro com toque de vermelho e laranja; leite tem embalagens com cor azul e vários tons claros e toques de vermelho; a embalagem do açúcar é branco e azul com toques de vermelho; embalagens de bronzeadores utilizam a cor laranja e vermelho magenta; várias marcas de cerveja utilizam cores amarelo-ouro, vermelho e ouro.

O Quadro 18.1, ao final deste capítulo, apresenta sites em que podemos identificar vários elementos gráficos e cores conforme o objetivo de cada um e o tipo de comunicação.

As cores exercem fatores psicológicos, sociais, culturais e fisiológicos muito importantes para as sensações. Veja algumas cores aplicadas à criatividade publicitária:

a. **Vermelho:** estimulante e motivador. Muito usado em anúncios que indicam calor e energia, dinamismo e ação. Fácil de ser lembrado.

b. **Amarelo:** visível a distância, estimulante quando combinado com outras cores. Muito usado para chamar atenção com relação à segurança.

c. **Verde:** oferece sensação de repouso. Muito aplicado em anúncios de alimentos frios como verduras e frutas.

d. **Branco:** muito utilizado em produtos de limpeza, como detergentes e sabão em pó. O vestido de noiva é branco por representar pureza.

e. **Rosa:** muito usado em enxoval de bebê para a menina. Lembra graça e ternura.

f. **Azul:** tem grande poder de atração. Passa a sensação de seriedade.

No caso de suas apresentações acadêmicas, seu objetivo é reter atenção de seu público, fixar na memória a mensagem que deseja transmitir e, nesse caso, a escolha da cor aplicada ao slide pode contribuir.

Ao confeccionar seus slides, procure manter a padronização das cores relacionando a temática de sua apresentação acadêmica. Por exemplo, se desenvolver um trabalho acadêmico sobre o tema sustentabilidade, os slides podem ter a cor verde como destaque.

Gráficos, Tabelas e Quadros

O uso de gráficos, tabelas e quadros é interessante quando os elementos são utilizados para argumentação da mensagem principal do slide. Eles destacam as informações que são mais relevantes, tornando o slide mais leve e didático.

Em geral esse recurso tem boa aceitação do público, dá mais movimentação na apresentação e é um "tempero" a mais na confecção de seus slides.

Gráficos

Veja alguns tipos de gráficos mais utilizados:

a. **Gráficos do tipo pizza**: são utilizados para mostrar percentuais. É interessante que as cores selecionadas sejam contrastantes entre si para melhor visualização.

b. **Gráficos de barras verticais**: usados para mostrar mudanças de quantidade em um período de tempo. Limite o número de barras entre 4 e 10.

c. **Gráficos de barra horizontal:** utilizados para comparar quantidades, como vendas de uma empresa por cidades, estados, regiões diferentes.

d. **Gráficos de linha:** você pode utilizar as linhas para demonstrar mudanças. Por exemplo, mostrar o aumento de índice da inflação. Em vendas é muito utilizado para demonstrar tendências de crescimento.

Figura 18.6 Exemplo de gráfico do tipo pizza

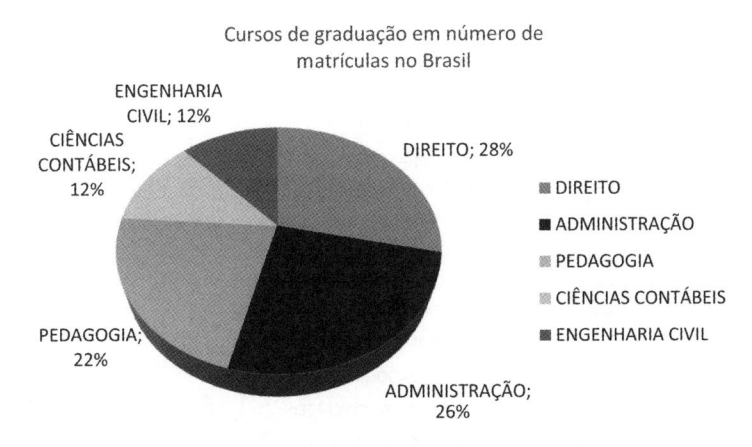

Figura 18.7 Exemplo de gráfico de barra vertical

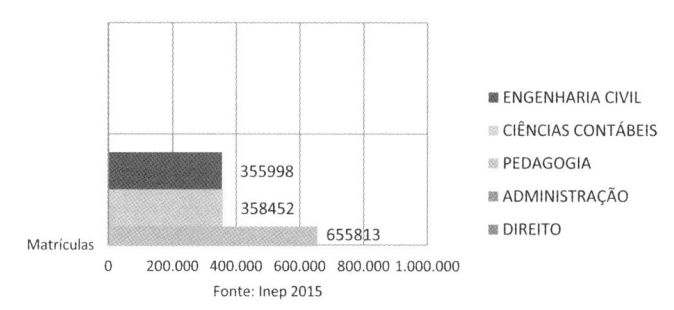

Figura 18.8 Exemplo de gráfico de barra horizontal

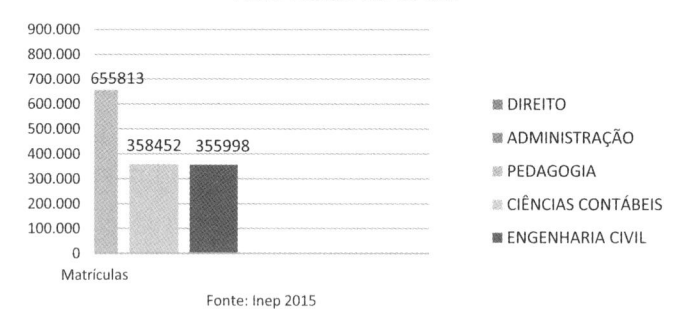

Figura 18.9 Exemplo de gráfico de linha

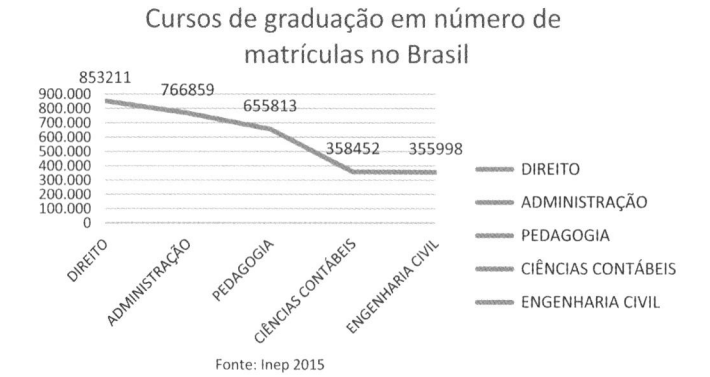

Tabelas

As tabelas são utilizadas para comparações e demonstrações de dados quantitativos, apresentam informações tratadas estaticamente, geralmente são dados numéricos, conforme Instituto Brasileiro de Geografia e Estatística (IBGE), de 1993. Tabelas devem ter legendas sem abreviações apresentando número em algarismo arábico, sequencial, à esquerda da página, precedida da palavra "Tabela" disposta acima desta, sem ponto ao final da frase digitada em espaçamento simples. A fonte de consulta e as notas aparecem no rodapé, abaixo da tabela, em letra maiúscula e minúscula para indicar autoria dos dados ou informações da tabela, precedida da palavra "Fonte".

Figura 18.10 Exemplo de tabela

Tabela: Cursos de graduação em número de matrículas

Cursos	Matrículas
Direito	853.211
Administração	766.859
Pedagogia	655.813
Ciências Contábeis	358.452
Engenharia Civil	355.998

Fonte: Inep 2015

Quadros

Já os quadros são utilizados para demonstrar dados descritivos, apresentam informações textuais. Os quadros têm legenda, sem abreviações, apresentando um número em algarismo arábico, sequencial, inscrito na parte superior, à esquerda da página, precedida da palavra "Quadro" disposta acima desta, sem ponto ao final da frase digitada em espaçamento simples. A fonte de consulta e as notas aparecem no rodapé, abaixo do quadro, em letra maiúscula e minúscula para indicar autoria dos dados ou informações do quadro, precedida da palavra "Fonte".

Figura 18.11 Exemplo de quadro

Quadro 1: Alunos com melhor nota de desempenho 2016-2

Nome	Curso	Situação
Antonio Santos Martins	Administração	Formado
Daniel Egydio	Direito	Formado
Lucas Martins	Pedagogia	Formado
Ricardo Ribeiro Lourenço	Serviço Social	Formado
Valdir Guedes	Engenharia	Formado

O PowerPoint® em suas Apresentações Acadêmicas

O PowerPoint® é um software comercial, um programa de computador da empresa Microsoft, bastante utilizado para desenvolvimento e apresentação de slides. Esse programa conseguiu se posicionar como um dos mais populares e utilizados em apresentações empresariais e acadêmicas em todo o mundo. Há os chamados softwares livres, que não têm tantos modelos prévios e exigem um pouco mais de atenção e dedicação.

O PowerPoint® permite o trabalho com textos, imagens, sons, vídeos, criação de gráficos, tabelas, fluxogramas, organogramas, vários recursos avançados de animações, tudo utilizado de forma simultânea. Com ele, mesmo com pouca habilidade, é possível por meio dos seus slides criar suspense, revelar uma narrativa visual, surpreender prendendo atenção da plateia. Mas o uso de animações, o visual e outros recursos oferecidos pelo PowerPoint® requerem sincronismo com a fala da apresentação acadêmica.

Meu objetivo neste guia não é ensiná-lo a usar o PowerPoint®, mas você precisa tomar cuidado com seu uso evitando exageros. Ao final deste capítulo, na parte do Sarau Acadêmico, apresento algumas sugestões de leituras para quem deseja dominar e utilizar melhor o PowerPoint®.

Há várias pessoas que têm adoração pelo PowerPoint® como se fosse o melhor e único recurso para realização de uma apresentação, seja ela profissional ou acadêmica. Mas acredite, ele está longe de ser o melhor recurso para uma apresentação conforme foi demonstrado ao longo dos capítulos deste guia. Se alguém tiver mau gosto, falta de bom senso e não dominar bem o assunto, de nada vai adiantar utilizar o PowerPoint®. Resumindo: não há como impedir que a apresentação fique ruim. Já assisti a muitas apresentações em que os oradores se escondiam atrás do programa e atribuíam toda a responsabilidade aos slides do PowerPoint®, tornando as apresentações chatas, previsíveis e desmotivantes para quem estava assistindo. Um verdadeiro martírio.

Mas você pode evitar isso aplicando as regras básicas que apresentei, construindo apresentações brilhantes, cativantes, eficientes, que conseguem comunicar com clareza a mensagem de sua apresentação acadêmica.

Preparação de Slides com o PowerPoint®

Antes de abrir e sair utilizando o PowerPoint®, como já falei, faça um esboço das mensagens que deseja transmitir, em ordem devidamente coordenada em uma sequência lógica, resuma e estruture suas ideias e objetivos e considere o que é mais importante utilizando palavras-chave que façam sentido à apresentação do conteúdo para o seu público.

Templates, Animações, Transições e Clipart

Templates

Um template é o fundo de tela padrão que aparece em todos os slides de sua apresentação acadêmica. Templates são formados pelas formas, linhas, cores, fontes, elementos gráficos, fundo de página.

O PowerPoint® disponibiliza vários modelos de estruturas, inclusive temáticos, chamados também de layout. Alguns templates são muito chamativos, pois exibem uma verdadeira poluição visual atrapalhando a mensagem principal da apresentação. Não exagere nas informações apresentadas. Se precisar crie uma nova estrutura, um novo layout para seus slides.

Procure ser discreto, utilize slides mais suaves, não repita uma mesma informação em todos os slides (como logomarcas ou figuras de forma desnecessária), selecione criteriosamente cores, fontes e imagens, cuide para que seus slides não se tornem incompreensíveis e mal elaborados.

O interessante para fugir da mesmice é que você personalize seus slides. Exercendo a prática e a criatividade, com o tempo você irá criar slides interessantes.

Animações

Com o PowerPoint® é possível animar textos e elementos gráficos de seus slides. No caso de textos você pode fazer com que apareçam na tela exibindo um parágrafo, uma palavra ou uma letra de cada vez. Se você exibir um slide com todos os parágrafos ao mesmo tempo, ao começar a explicação do primeiro parágrafo será normal que seu público já tenha lido todo o conteúdo exibido do slide. Exibir apenas um parágrafo de cada vez cria uma expectativa de interesse e evita dispersão do público quanto ao assunto apresentado.

Sons

Efeitos sonoros e de músicas (áudio) são interessantes para proporcionarem um pouco mais de dinamismo em suas apresentações. Esse recurso pode ser adicionado na transição de slides, palavras ou parágrafos. Você pode inserir um fundo musical como pano de fundo enquanto o slide, a palavra ou o parágrafo são exibidos. Há apresentações profissionais que mantém uma música como pano de fundo enquanto as pessoas se acomodam em seus lugares. Você pode fazer isso enquanto exibe a projeção do primeiro slide com as informações essenciais de sua apresentação. Também pode relacionar algum tipo de música ou som temático.

No entanto, tenha bom senso e procure não exagerar. Não perca o foco de sua apresentação acadêmica.

O programa PowerPoint® disponibiliza vários recursos para selecionar o tempo e número de vezes que determinado som selecionado possa ser reproduzido.

Certifique-se da compatibilidade dos arquivos quando for utilizar outros equipamentos que não sejam os seus. Teste tudo antes de iniciar sua apresentação.

Transições

A transição de slides significa a passagem e o efeito visual aplicado a um slide conforme ele se move para dentro e para fora da tela durante a apresentação. Você pode definir a velocidade e vários efeitos das transições. Esses efeitos podem auxiliar a apresentação acadêmica a não se tornar monótona, desde que você não passe dos limites. Se as transições forem rápidas demais, pode ser ruim para alguém da plateia que não consegue lhe acompanhar entre o fechamento de um slide e a abertura de outro; se for lento demais alguns efeitos podem ser tediosos. Tente manter o número de transições diferentes a um máximo de três. Não é preciso colocar efeitos em todos os slides.

Os slides devem servir de suporte em uma apresentação, jamais devem substituir seu apresentador.

Sarau Acadêmico

Sugestões de leitura

FARIA, M. *Psicodinâmica das cores em comunicação*. 6. ed. São Paulo: Edgard Blucher, 2011.

O autor apresenta por meio de dados científicos que em todo o processo de comunicação a cor ocupa um importante papel na vida das pessoas, seja pela percepção, sensibilidade, sentimento, comportamentos, reação em função de estímulos relacionados com as cores. A obra demonstra a importância da utilização das cores e sua preferência que influencia decisões em fatores sociais, culturais e psicológicos. Para Faria, a cor está presente em nossas vidas, seja na publicidade e na promoção de vendas, embalagens de produtos, marcas de empresas, em anúncios, cartazes, em nossas casas. O autor apresenta vários exemplos da aplicabilidade das cores em nosso dia a dia.

Sites relacionados

Exercício

Após realizar a pesquisa dos links do Quadro 18.2, procure identificar os principais elementos gráficos utilizados no design de cada um, como textos, figuras, se é produto ou serviço, sensações e emoções relacionadas, cores predominantes etc., debatendo com seus colegas de grupo.

Quadro 18.2 Sites para analisar o design gráfico e debater

Café Pilão: http://www.cafepilao.com.br/casa-pilao

Greenpeace: http://www.greenpeace.org/brasil/pt

Maternidade Santa Joana: http://www.hmsj.com.br

McDonalds: http://www.mcdonalds.com.br

Petrobras: http://www.petrobras.com.br/pt

Rock in Rio: http://www.rockinrio.com/rio

Espaço musical

Pesquise na internet os links com as letras das músicas a seguir:

a. **Trem das Cores** – Caetano Veloso. Disponível em: <http://www.cifraclub.com.br/caetano-veloso/trem-das-cores/>. Acesso em: 14 out. 2016.

b. **Vermelho** – Fafá de Belém. Disponível em: <http://letras.mus.br/fafa-de-belem/45894/>. Acesso em: 30 ago. 2016.

Após escutar e curtir as músicas, faça uma analogia das letras com os estudos apresentados no capítulo. Compartilhe a sua opinião e realize um debate com seus colegas de classe.

Sessão pipoca

Após assistir ao filme sugerido no Quadro 18.3, você pode discutir e debater os temas com seus colegas de turma.

Quadro 18.3 Roteiro de analogia de filme com slides

Filme de referência	Temas relacionados	Questão para debate
O Tempero da Vida. Diretor: Tassos Boemeutis. Ano: 2003. Gênero: comédia. Sinopse: Fanis (Markos Osse) é um professor de astronomia que viveu toda sua infância na cidade de Istambul, na Turquia. Na infância aprendeu com seu avô a cozinhar e como utilizar bem os temperos. Aos 35 anos decide deixar Atenas e voltar para Istambul para reencontrar seu grande amor e também seu avô.	• Criatividade • Perspectiva • Organização • Identidade	1. Sugiro que assista todo o filme e relacione-o com temas como ser criativo, ver as coisas de um jeito diferente encontrando formas originais de apresentar seus slides, identificar como apresentar coisas novas, criar sua "marca" pessoal em apresentações. Enxergar e fazer de forma diferente é uma forma de se destacar em mundo que vivemos cada vez mais competitivo.

Capítulo 19

DOMINANDO O MEDO DE FALAR EM PÚBLICO

"Ei, medo!
Eu não te escuto mais
Você não me leva a nada
E se quiser saber
Pra onde eu vou
Pra onde tenha Sol
É pra lá que eu vou."

O Sol – Jota Quest

Objetivos de Aprendizagem

► Mostrar como dominar o medo de falar em público.

► Explicar como o medo aparece e como enfrentá-lo.

► Demonstrar como fazer do medo de falar em público uma oportunidade para treinamento e crescimento pessoal.

Dominando o Medo de Falar em Público

Para muitos alunos de curso universitário, quando o professor solicita a apresentação de algum trabalho acadêmico, há vários desafios a serem superados. Para alguns é a escolha de boas referências bibliográficas relacionadas à temática, para outros a aplicação adequada das normas técnicas de padrão ABNT para redação do trabalho acadêmico. Há ainda a parte de planejamento, divisão das responsabilidades de cada um e coordenação do trabalho todo, mas nada se compara em termos de desafio quando a apresentação acadêmica deve ser feita de forma pública, com seminários em auditório e sala de aula, defesa de dissertação de mestrado, tese de doutorado, congressos etc.

É o momento de enfrentar professores, alunos, convidados e todas as pessoas que frequentam o mundo acadêmico. As pernas começam a tremer, o coração começa a bater mais forte, enfim, o aluno de curso universitário já começa a pensar no medo de falar em público.

Tenha calma, pois é possível controlar esse medo. Você não é o único com esse sentimento, aliás, em diversas pesquisas realizadas em várias partes no mundo, o medo de falar em público, em termos percentuais, ganha do medo de morrer, de fracassar em algo, de ficar doente, desempregado, entre outros medos, portanto, não se desespere.

O medo é uma sensação fisiológica, considerada pelos estudiosos do comportamento humano como normal, que existe desde os primórdios e que herdamos dos nossos ancestrais. É um mecanismo de defesa que existe para nos proteger de algo que nos poderá fazer mal ou ainda serve para nos resguardar quando não conhecemos ou sabemos o resultado de algumas situações em que nos deparamos.

Desde o princípio da história da humanidade, quando o homem se defrontava com qualquer situação de perigo, ele tinha duas opções: fugia com receio de que algo ruim pudesse lhe acontecer ou enfrentava o perigo com todas as suas forças.

Esse mecanismo natural de defesa sofreu um processo de aperfeiçoamento, que, com o passar do tempo e a evolução fisiológica do corpo humano, fez com que o organismo se adaptasse mais eficientemente, fosse para a fuga ou para o enfrentamento de algo que sentimos medo.

Imagine um animal feroz vindo em sua direção. Nesse momento, nosso organismo passa a liberar a adrenalina, um hormônio produzido pelas glândulas suprarrenais que, introduzido na corrente sanguínea, aumenta a pressão arterial, estimulando fortemente o coração a bater mais rápido. Esse processo faz com que os músculos do corpo se preparem rapidamente para fugir, fazendo com que se movimentem mais rapidamente enquanto a adrenalina é metabolizada. Daí o sentimento de inquietação ante a noção de perigo real ou imaginário, de ameaça, pavor, receio e tensão.

Por isso que quando você sente medo de falar em público, a adrenalina é liberada da mesma forma, mas não é metabolizada com a mesma eficiência com que seria se os músculos estivessem se movimentando rapidamente. A quantidade de energia provocada pela adrenalina provoca um descontrole generalizado no organismo, aparecendo alguns sintomas indesejáveis e desagradáveis, como tremedeira nas pernas, frio na barriga, boca seca ou com muita saliva, mãos frias e suadas, o controle do que vai ser falado por você é totalmente perdido, suor intenso por algumas partes do corpo, "branco" na memória, enfim, cada pessoa acaba reagindo de forma diferente.

Enfrentando o Medo de Falar em Público

Como você não pode fugir da sua apresentação acadêmica, não lhe resta outra alternativa: enfrentar e dominar o medo de falar em público. Depois de entender como funciona o mecanismo do medo, vai ficar mais fácil entender por que isso acontece e como combatê-lo. Algumas sugestões para enfrentar o medo em suas apresentações acadêmicas:

a. Falta de conhecimento do assunto: é primordial dominar o assunto de sua apresentação. Mesmo que você não tenha tempo suficiente para falar tudo que gostaria sobre o assunto, não importa, se prepare e fale sobre os tópicos mais importantes, deixando a plateia com aquela sensação de quero mais. O assunto deve ser exposto dentro de uma sequência e seu domínio lhe trará mais confiança. Não vá se arriscar e se expor a falar em público sobre um assunto que não conhece e domina profundamente.

b. Fazer perguntas em palestras, realizar pequenos avisos em sua sala de aula, assumir cargo de representante de turma da faculdade, realizar seminários, apresentar palestrantes para o público, ser orador nas missas da igreja, fazer discursos em festas e confraternizações com amigos e família são excelentes oportunidades de praticar a oratória.

c. Identificando os pontos fortes: procure identificar suas qualidades, como voz, motivação, humor, expressão corporal e organização pessoal. Reconheça seus defeitos como pontos a serem melhorados, pois com o tempo eles desaparecem, tornando você mais seguro e confiante.

d. O medo pode ser controlado, encare-o. Mesmo com a prática, ele aparece nos primeiros momentos até para os mais experientes, é natural e normal. O desejo de que tudo dê certo faz com que surja o excesso de adrenalina, mas com tranquilidade ela vai desaparecendo até as coisas se estabilizarem e ficarem sob seu controle. Não deixe o nervosismo lhe dominar.

e. Outra forma de combater o nervosismo é vigiar e controlar o comportamento do seu corpo, os gestos, a fala, a postura diante do público, o andar de um lado para outro movimentando-se com moderação, as mãos no bolso. Fique atento a esses sinais, pois com paciência você consegue controlar o nervosismo.

f. Não utilize bebidas com teor alcoólico ou faça uso de drogas como estimulante para lhe dar mais coragem. Muitas pessoas recorrem a esses artifícios como forma de diminuir o nervosismo e a ansiedade, acabam ficando viciadas e somente conseguem fazer apresentação em público se recorrerem a esse tipo de recurso.

g. Se começar a tossir, pigarrear ou gaguejar por conta do nervosismo inicial, mantenha a tranquilidade, tome um pouco de água para ajudar a lubrificar a voz, evitando assim atrapalhar sua fala.

h. Jamais declare para sua plateia que está nervoso, nem peça desculpas por isso. Iniciar a sua apresentação fazendo esse tipo de declaração é a mesma coisa que falar que algo pode sair errado. Seu público não precisa saber disso.

i. Observe outros apresentadores, procure se inspirar nos melhores, veja como falam, seu comportamento, gestos, anote os pontos positivos para aplicar em suas apresentações. Mesmo palestrantes com bastante experiência podem ter "frio na barriga" no início de suas apresentações. Muitos têm seus truques para controlar o medo.

j. Vença a timidez com a sua autoestima, não se preocupe com o que os outros possam falar ou pensar, goste muito de você, confie em sua capacidade de realizar as coisas, não precisa mudar quem você é nem seu jeito de ser, apenas não deixe que o medo impeça o seu desenvolvimento acadêmico, profissional e pessoal.

k. Os alunos podem se sentir mais confiantes e fortalecidos quando recebem palavras de incentivo de seus professores e colegas de grupo acadêmico. Isso impulsiona e ajuda a controlar mais o medo, mas o orador sabe que deve desenvolver a autoconfiança, pois nem sempre as pessoas estarão por perto para motivá-lo.

l. Se sentir algum tipo de medo, olhe para sua plateia, pense que você é um "gigante" ou então imagine que a plateia está lhe "devendo dinheiro". Essas são formas de driblar o cérebro no sentimento do medo.

m. As pessoas podem demonstrar medo de realizar apresentações públicas também por estarem se expondo, virar motivo de gargalhadas, cometerem alguma gafe, escorregarem na gramática, se sentirem ridicularizadas, ter gagueiras, serem criticadas.

n. Medo de esquecer o texto da apresentação, o chamado "deu um branco". Se der "branco", procure manter a calma, repita a última frase ou suas últimas palavras e se tiver que recorrer a plateia, não tenha vergonha, pois se a apresentação estiver mantendo um ritmo bom, alguém da plateia mais atento poderá ajudar-lhe a lembrar o último tópico.

o. Ganhando experiência: a prática constante vai fazer a diferença. Mesmo que o tema seja o mesmo, uma apresentação acadêmica é diferente da outra, seja pela energia da plateia, pelo tipo de pergunta ou por sua motivação pessoal. A dificuldade de falar em público geralmente é sempre no começo, por isso pratique, pois com repetições constantes é possível melhorar cada vez mais.

 Dica legal: aproveite todas as oportunidades que surgirem na sua vida acadêmica, pois elas servem de base para sua vida profissional e social, aliás, costumo dizer que na faculdade temos a chance de errar e melhorar o que não está bom e na vida profissional nem sempre nosso cliente poderá aceitar falhas e permitir uma segunda chance.

O medo sempre vai estar presente em nossas vidas. Ter medo não é um problema, pelo contrário, ele nos protege e é nosso mecanismo de defesa e sobrevivência. O que não podemos aceitar é que o medo limite nossa criatividade e interrompa o desenvolvimento pessoal e profissional.

Muitas pessoas perdem excelentes oportunidades na vida porque se sentiram dominadas pelo medo. Tenha sempre uma atitude positiva diante do medo, demonstre confiança.

Os objetivos podem ser diferentes no domínio do medo. Há pessoas que querem melhorar suas apresentações acadêmicas, outros querem aprimorar a comunicação em reuniões da empresa e em negociações, pode haver também a necessidade de melhorar o convívio social com família e amigos. Não importa! Você pode realizar o que desejar na vida, desde que queira. Não há limites nem tamanho para seus sonhos, não existe fórmula única, o mais importante é acreditar em você e treinar, treinar e treinar.

E quando você achar que treinou o bastante, treine novamente, não há mágica, o controle para dominar o medo em suas apresentações acadêmicas depende do seu treinamento constante.

> **Na prática**
>
> Espelho, espelho meu... Fique diante de um espelho e me responda: o que você vê?
>
> Se você respondeu que é sua imagem, muito bom, era o que eu esperava também, mas se fixar seus olhos novamente em sua imagem, o que mais é possível ver?
>
> Orgulho? Motivação? Vontade? Poder? Sucesso? Alegria? Desejo? Criatividade? O que vê, afinal? Não precisa me responder, diga você para o mundo...

Sarau Acadêmico

Espaço musical

Pesquise, escute e curta na internet os links a seguir:

a. **O Sol** – Jota Quest. Disponível em: <http://www.vagalume.com.br/jota-quest/o-sol.html>. Acesso em: 14 jan. 2016.

b. **Miedo** – Lenine. Disponível em: <http://www.cifraclub.com.br/lenine/miedo/>. Acesso em: 14 jan. 2016.

c. **Sem Medo da Escuridão** – Charlie Brown. Disponível em: <https://www.vagalume.com.br/charlie-brown-jr/sem-medo-da-escuridao.html>. Acesso em: 12 jan.2016.

Após escutar e curtir as músicas, faça uma analogia das letras com o medo de falar em público. Compartilhe a sua opinião e realize um debate com seus colegas de classe.

Sessão pipoca

Após assistir aos filmes sugeridos conforme o Quadro 19.1, você pode debater e relacionar vários temas fazendo analogias com a importância da criatividade de sua apresentação acadêmica.

Quadro 19.1. Roteiro para discussão de analogia do filme com a superação de medos pessoais

Filme de referência	Temas relacionados	Questões para debate
Batman Begins. Diretor: Christopher Nolan. Ano: 2005. Gênero: aventura. Sinopse: Bruce Wayne (Christian Bale), depois de viajar pelo mundo, retorna para sua cidade natal, Gotham City. Bruce Wayne decide combater o crime como Batman, o justiceiro mascarado.	• Superação • Comprometimento • Medo • Objetivos pessoais	Sugiro as seguintes cenas como pontos de discussão: Cena 1: de 28s (início do filme – milhares de morcegos voltando ao anoitecer) até 1min41s (morcegos voando sobre o menino Bruce, caído no fundo de um poço). Cena 2: de 10min10s (continuação da cena – Bruce, menino, no fundo do poço) até 11min19s ("principalmente as assustadoras"). Cena 3: de 41min52s (Bruce Wayne, adulto, caminhando até um avião) até 42min22s ("alguma coisa aterrorizante"). Cena 4: de 44min29s (Bruce estudando recortes de jornal. *Close* em suas anotações) até 46min52s (morcegos voando ao redor de Bruce, em pé, na caverna). Cena 5: de 58min36s (parte do capuz de Batman sendo quebrado, sobre um balcão) até 1h05m (silhueta de Batman, como uma sombra, no topo de um prédio). Após assistir às cenas, é possível identificar que Bruce Wayne tinha medo e pesadelos com morcegos desde criança, quando caiu em um poço

com milhares deles. Após descobrir uma caverna que tinha sob sua mansão, novamente morcegos voam sobre ele, mas, decidido a enfrentar seu medo, permanece de pé, com braços abertos fazendo contato com os animais que mais tinha medo. Ele demonstra com isso força de vontade e superação em enfrentar seus medos pessoais. Além de ter enfrentado seu maior medo, Bruce Wayne personificou a figura do morcego por meio dos uniformes e das armas que Batman usuaria.

1. Como podemos construir competências a partir da identificação de nossas fraquezas e de nossos medos?

2. Não podemos impedir que o medo apareça em nossas vidas, aliás, ele é importante até para a nossa proteção, pois é um mecanismo de defesa. No entanto, a forma como reagimos e lidamos com ele pode fazer a diferença. Pessoas comprometidas com seus objetivos procuram dominar e canalizar seus medos pessoais constantemente. Comente essa afirmação.

Capítulo 20

CONCLUSÃO DE SUA APRESENTAÇÃO ACADÊMICA

"Vivendo e aprendendo a jogar
Vivendo e aprendendo a jogar
Nem sempre ganhando
Nem sempre perdendo
Mas aprendendo a jogar."

Aprendendo a Jogar - Guilherme Arantes

Objetivos de Aprendizagem

- ► Mostrar como fazer a conclusão da exposição de sua apresentação acadêmica.
- ► Demonstrar a importância da conclusão da apresentação do conteúdo de sua mensagem, levando sua plateia a fazer uma reflexão por meio de pontos principais.
- ► Fortalecer o resumo de sua apresentação acadêmica.

Conclusão de sua Apresentação Acadêmica

Se você sobreviveu até o final de sua apresentação acadêmica, parabéns. Tão importante quanto a exposição da apresentação é o seu fechamento. Sabe aquela frase "fechar com chave de ouro"? Então é isso.

A conclusão de uma apresentação significa reafirmar o conteúdo de sua mensagem, levando sua plateia a fazer uma reflexão. Faça seu encerramento entonando energia, motivação, vigor, demostre orgulho da oportunidade de realizar a apresentação para seu público. Agradeça a participação de sua plateia. Como razão e emoção podem se misturar em sua fala de conclusão de apresentação, comemore o final.

A conclusão da apresentação é uma espécie de resumo do conteúdo apresentado, das suas convicções, das suas falas e dos desafios propostos em futuros encontros com a plateia. Uma conclusão bem realizada ajuda a fortalecer a mensagem principal. Muitas vezes, depois de encontrar com ex-alunos que assistiram às minhas aulas, muitos lembram de palavras, músicas, histórias, metáforas, frases de efeito que ficaram marcadas com o momento.

Pontos Principais da Conclusão da Apresentação

Após recapitular os pontos principais, você pode encerrar sua apresentação fortalecendo o resumo do conteúdo apresentado considerando:

a. A conclusão deve ser breve. Procure não demorar em sua fala.

b. Relacione a conclusão com seu estilo de apresentação, de preferência original.

c. Conclusões bem-feitas duram a vida toda. Quantas vezes você assistiu à alguma palestra em que o fechamento dela mudou alguma atitude em sua vida. Há várias pessoas que se recordam do nome do palestrante assim como se recordam do conteúdo da palestra na íntegra, mas algumas palavras foram mais significativas para suas vidas.

d. Elogiar e agradecer a plateia é uma atitude positiva desde que seja verdadeira. Demonstre naturalidade, não seja superficial.

e. Fatos e acontecimentos históricos ou reais permanecem mais tempo na imaginação das pessoas.

f. A conclusão pode ser feita propondo uma reflexão para o público baseada no conteúdo da apresentação.

g. Algum acontecimento durante a apresentação que seja positivo e possa ser utilizado na conclusão.

h. Citar frases de autores famosos que tenham relação com o conteúdo de seu tema.

i. O tom da voz é muito importante, tem que ter entonação, passar energia, vibração, emoção e entusiasmo.

j. Conclusão não salva, mas pode valorizar muito sua apresentação.

Existem duas reações mais comuns da plateia quando do anúncio da conclusão da apresentação: uma é aquela em que a plateia faz comentários do tipo "Ufa... até que enfim acabou esta apresentação" ou aquela em que a plateia diz "Ah, já acabou?". Qual delas você deseja?

Palavras modestas vindas do coração

Quero lembrar ao leitor sobre o discurso de um dos políticos mais populares da história do Brasil, o ex-presidente Luiz Inácio Lula da Silva. Lula foi considerado pela revista *Time* uma das 100 pessoas mais influentes do mundo de 2010 e chamado de "o político mais bem-sucedido de seu tempo". Independentemente de você gostar ou não de Lula, é importante reconhecer suas qualidades como comunicador.

Lula é bastante conhecido por fazer discursos de improviso. Ao fazer seu discurso de diplomação (solenidade em que é entregue ao candidato eleito o documento oficial que reconhece a validade de sua eleição) em 2002, Lula terminou seu discurso dizendo:

"Se havia alguém no Brasil que duvidasse que um torneiro mecânico, saído de uma fábrica, chegasse à Presidência da República, 2002 provou exatamente o contrário. E eu, que durante tantas vezes fui acusado de não ter um diploma superior, ganho como meu primeiro diploma, o diploma de presidente da República do meu país."

Muitas pessoas que acompanhavam a sonelidade não conseguiram segurar a emoção que suas palavras causaram. Faça uma pesquisa na internet e assista ao discurso na íntegra. Observe os sentimentos que o discurso de Lula causou aos seus ouvintes.

Sarau Acadêmico

Espaço musical

Pesquise, escute e curta na internet os links a seguir:

a. **Começar de Novo** – Ivan Lins. Disponível em: <https://www.letras.mus.br/ivan-lins/99567/>. Acesso em: 05 nov. 2016.

b. **Quem Sou** – Wilson Simoninha. Disponível em: <http://www.vagalume.com.br/wilson-simoninha/quem-sou.html>. Acesso em: 05 nov. 2016.

c. **Novo Tempo** – Ivan Lins. Disponível em: <http://letras.mus.br/ivan-lins/46444/>. Acesso em: 05 nov. 2016.

Após escutar e curtir as músicas, faça uma analogia das letras com a importância do treinamento constante de suas apresentações. Compartilhe a sua opinião e realize um debate com seus colegas de classe.

Sessão pipoca

Após assistir ao filme sugerido conforme o Quadro 20.1, você pode debater e relacionar os temas fazendo analogias com a conclusão de uma apresentação.

Quadro 20.1 Roteiro para discussão de analogia de filme com a conclusão de apresentações

Filme de referência	Temas relacionados	Questões para debate
O Grande Desafio. Diretor: Denzel Washigton. Ano: 2007. Gênero: drama. Sinopse: o filme foi baseado em fatos reais e conta a história do brilhante professor Malvin Tolson (Denzel Washington) que através de seus métodos pouco convencionais, motiva um grupo de alunos a participarem de um campeonato de debates na Universidade de Harvard. O filme apresenta questões sociais como racismo. A minha sugestão é que assista ao filme todo destacando as partes que achar mais importantes para os pontos de discussão dos temas.	• Conclusões em suas apresentações acadêmicas • Envio de mensagens marcantes • Comprometimento • Paixão no que faz • Motivação • Sentido da vida	1. Discuta com seu grupo qual a melhor estratégia para fazer a conclusão de suas apresentações e deixar uma mensagem para sua plateia. 2. Pesquise frases de grandes pensadores que fizeram história que podem ser utilizadas ao final de suas apresentações.

REFERÊNCIAS BIBLIOGRÁFICAS

ACADEMIA PEARSON. *Criatividade e inovação.* São Paulo: Pearson Prentice Hall, 2011.

ALMEIDA, H. *Manual Microsoft Office PowerPoint:* **curso completo: o segredo das apresentações eficientes.** São Paulo: Digerati, 2009.

ALVES, R.; MENEZES, M. *Ensinar, cantar, aprender.* São Paulo: Papirus, 2008.

ALVES, L. da S. *A arte da oratória:* **técnicas de oratória moderna e comunicação eficiente.** Brasília: Brasília Jurídica, 2004.

AMATO, R. de C. F. *Manual de saúde vocal:* **teoria e prática da voz falada para professores e comunicadores.** São Paulo: Atlas, 2010.

ARAÚJO, R. C. *A arte de pagar micos e king kongs:* **viver sem culpas.** São Paulo: Qualitymark, 2005.

ANDRADE, M. M. de. *Como preparar trabalhos para cursos de pós-graduação:* **noções práticas.** 6. ed. São Paulo: Atlas, 2004.

ASSOCIAÇÃO BRASILEIRA DE NORMAS TÉCNICAS. *NBR 6022:* **Informação e documentação: artigo em publicação periódica científica impressa - Apresentação.** Rio de Janeiro, 2003.

_____. *NBR 15437:* **Informação e documentação: Pôsteres técnicos e científicos – Apresentação.** Rio de Janeiro, 2006.

_____. *NBR 14724*: Informação e documentação: Trabalhos acadêmicos - Apresentação. Rio de Janeiro, 2005.

_____. *NBR 10719*: Informação e documentação: Relatório técnico e/ou científico. Rio de Janeiro, 2011.

_____. *NBR 6027*: Informação e documentação: Sumário - Apresentação. Rio de Janeiro, 2003.

_____. *NBR 6023*: Informação e documentação: Referências - Elaboração. Rio de Janeiro, 2002.

_____. *NBR 6028*: Informação e documentação: Resumo - Apresentação. Rio de Janeiro, 2003.

_____. *NBR 6034*: Informação e documentação: Índice - Apresentação. Rio de Janeiro, 2004.

_____. *NBR 15287*: Informação e documentação: Projeto de pesquisa - Apresentação. Rio de Janeiro, 2005.

_____. *NBR 12225*: Informação e documentação: Lombada - Apresentação. Rio de Janeiro, 2004.

_____. *NBR 10520*: Informação e documentação: citações em documentos - Apresentação. Rio de Janeiro, 2002.

BARBOSA, C. *A tríade do tempo*: a revolução da produtividade pessoal. Rio de Janeiro: Elsevier, 2004.

CASTILHO, A.; BEZERRA, C.; MARQUES, E. C. *et al*. *Filmes para ver e aprender.* Rio de Janeiro: Qualitymark, 2005.

BRANDÃO, M. S. *Leve seu gerente ao cinema*: filmes que ensinam. Rio de Janeiro: Qualitymark, 2004.

BRADBURY, A. *Técnicas eficazes para apresentações de sucesso.* São Paulo: Clio, 2007.

BRENNER, E. de M.; JESUS, D. M. N. de. *Manual de planejamento e apresentação de trabalhos acadêmicos*: projeto de pesquisa, monografia e artigo. São Paulo: Atlas, 2007.

BRUZZI, D. *Apresentações estratégias*: métodos e técnicas de ensino sobre treinamento e capacitações. São Paulo: Avercamp, 2008.

CABRAL, C. *O despertar da criatividade.* Taubaté: Cabral, 2010.

CAMARGO, P. S. de. *Linguagem corporal:* **técnicas para aprimorar relacionamentos pessoais e profissionais.** São Paulo: Summus, 2010.

CARNEGIE, D. *Como falar em público e encantar as pessoas:* **torne-se um orador e comunicador magistral.** São Paulo: Companhia Editora Nacional, 2012.

CASULA, C. C. *Metáforas:* **para e evolução pessoal e profissional.** Rio de Janeiro: Qualitymark, 2005.

CINTRA, J. C. A. *Técnica de apresentação:* oratória aplicada às apresentações com data-show. São Paulo: Rima, 2007.

_____. *Didática e oratória com data-show.* São Paulo: Compacta, 2008.

CESCA, C. G. G. *Organização de eventos:* **manual de planejamento e execução.** 6. ed. São Paulo: Summus, 1997.

CONNOR, J. *Manual da programação neurolinguística:* **PNL um guia prático para alcançar os resultados que você quer.** São Paulo: Qualitymark, 2003.

COVEY, S. R. *O 8º hábito:* **da eficácia à grandeza.** Rio de Janeiro: Elsevier, 2005.

DAVEL, E.; VERGARA, S. C.; GHADIRI, D. P. *Administração com arte:* **experiências vividas de ensino-aprendizagem.** São Paulo: Atlas, 2007.

DIMITRIUS, J. E.; MAZZRELLA, M. *Fique bem na fita!:* **como administrar seus pontos fortes e fracos e causar uma ótima impressão.** Rio de Janeiro: Elsevier, 2006.

DIEHL, A. A.; TATIM, D. C. *Pesquisa em ciências sociais aplicadas:* **métodos e técnicas.** São Paulo: Prentice Hall, 2004.

DOUGLAS, W.; CUNHA, R. S.; SPINA, A. L. *Como falar bem em público:* **técnicas para enfrentar com sucesso situações de pressão, palestras, negociações, entrevistas e concursos.** 3. ed. Niterói: Impetus, 2011.

ECO, H. *Como se faz uma tese.* 24. ed. São Paulo: Perspectiva, 2012.

FARINA, M. *Psicodinâmica das cores em comunicação.* 4. ed. São Paulo: Edgard Blucher, 1986.

FRANCEZ, A.; COSTA NETTO, J. C.; D'ANTINO; S. F. *Manual do direito do entretenimento:* **guia de produção cultural.** São Paulo: Senac, 2009.

FERRAZERI JUNIOR, C. *Guia do trabalho científico*: do projeto à redação final: monografia, dissertação e tese. São Paulo: Contexto, 2011.

FERREIRA, A. B. H. *Novo Aurélio Século XXI:* o dicionário da língua portuguesa. 3. ed. Rio de Janeiro: Nova Fronteira, 1999.

GALLO, C. *The presentation secrets of Steve Jobs.* Nova York: McGrow Hill, 2010.

GIGLIO, Z. G.; WECHSKER, S. M.; BRAGOTTO, D. *Da criatividade à inovação.* São Paulo: Papirus, 2009.

GIL, A. C. *Como elaborar projetos de pesquisa.* 4. ed. São Paulo: Atlas, 2002.

_____. *Didática no ensino superior.* São Paulo: Atlas, 2006.

GRAMIGNA, M. R. *Jogos de empresa.* 2. ed. São Paulo: Pearson, 2007.

_____. *Jogos de empresa e técnicas vivenciais.* 2. ed. São Paulo: Pearson, 2007.

INSTITUTO BRASILEIRO DE GEOGRAFIA E ESTATÍSTICA, Centro de documentação e disseminação de informações. *Normas de apresentação tabular.* 3. ed. Rio de Janeiro: IBGE, 1992.

JALOWITZKI, M. *Jogos e técnicas vivenciais nas empresas*: guia prático de dinâmica de grupo. São Paulo: Madras, 2001.

KALIL, G. *Chic homem*: Manual de moda e estilo. São Paulo: Senac, 2005.

KROKOSCZ, M. *Autoria e plágio*: um guia para estudantes, professores, pesquisadores e editores. São Paulo: Atlas, 2012.

LACOMBE, F. J. M; HEILBORN, G. L. J. *Administração*: princípios e tendências. 2. ed. São Paulo: Saraiva, 2009.

LAKATOS, E. M.; MARCONI, M. de A. *Fundamentos da metodologia científica.* 6. ed. São Paulo: Atlas, 2009.

LEÃO, C. P. de S. *Boas maneiras de A a Z*: dicas básicas para um comportamento social adequado. 23. ed. São Paulo: STS, 2002.

_____; Di Laurentis, R. *A etiqueta da sedução.* São Paulo: STS, 2001.

LIMA, M. C. *Monografia*: a engenharia da produção acadêmica. Saraiva: São Paulo, 2004.

LOWMAN, J. *Dominando as técnicas de ensino.* São Paulo: Atlas, 2004.

LUBART, T. *Psicologia da criatividade.* Porto Alegre: Artmed, 2007.

LUCAS, S. E. *A arte de falar em público.* 11. ed. Porto Alegre: AMGH, 2014.

LUZ, M.; PETERNELA, D. *Outras lições que a vida ensina e a arte encena:* **106 filmes para treinamento e desenvolvimento.** Rio de Janeiro: Qualitymark, 2007.

LUNTZ, F. *Palavras que funcionam:* **não é o que você diz, é o que as pessoas ouvem.** Rio de Janeiro: Alta Books, 2013.

MAGAZINE, E. *Manual de estilo:* **um guia para homens de boa aparência.** São Paulo: Nacional, 2012.

MANCINI, M. *Como administrar seu tempo:* **24 lições para se tornar proativo e aproveitar cada minuto no seu trabalho.** Rio de Janeiro: Sextante, 2007.

MARANHO, J. A. *Manual de organização de congressos e eventos similares.* Rio de Janeiro: Qualitymark, 2008.

MARTINS, G. A.; LINTZ, A. *Guia para elaboração de monografias e trabalhos de conclusão de curso.* 2. ed. São Paulo: Atlas, 2010.

MAXIMIANO, A. C. A. *Teoria geral da administração:* **da revolução urbana à revolução digital.** 4. ed. São Paulo: Atlas, 2004.

MEDEIROS, J. B.; TOMASI, C. *Redação técnica:* **elaboração de relatórios técnico-científicos e técnicas de normalização textual: teses, dissertações, monografias, relatórios técnicos-científicos e TCC.** 2. ed. São Paulo: Atlas, 2010.

_____. *Português instrumental.* São Paulo: Atlas, 2009.

MELO NETO, F. P de. *Criatividade em eventos.* São Paulo: Contexto, 2004.

MELLO, N. C. *Conversando é que a gente se entende:* **dicionário de expressões coloquiais brasileiras.** São Paulo: Leya, 2009.

MITCHELL, M.; CORR, J. *Tudo sobre etiqueta nos negócios.* São Paulo: Manole, 2000.

MACHADO, A. M. de B. *Falando muito bem em público.* São Paulo: Makron, 1999.

MACHADO, A. *A comunicação com o público.* Rio de Janeiro: Qualitymark, 2005.

MUÑOZ, I. C. *A arte de falar em público:* **como fazer apresentações comerciais sem medo.** São Paulo: Cengage Learning, 2008.

NASCIMENTO-E-SILVA, D. *Manual de redação para trabalhos acadêmicos*: position paper, ensaios teóricos, artigos acadêmicos, artigos científicos e questões discursivas. São Paulo: Atlas, 2012.

NAVARRO, J.; POYNTER, T. S. *A inteligência não verbal: os segredos de um agente do FBI para decifrar pessoas sem o uso das palavras.* Rio de Janeiro: Elsevier, 2010.

NASSER, C. M. *Apresentações eletrizantes.* São Paulo: Campus, 2004.

NÓBREGA, M. H. da. *Estratégias de comunicação em grupo*: como se apresentar em eventos empresariais e acadêmicos. São Paulo: Atlas, 2007.

OLIVEIRA, D. de P. R. de. *Teoria geral da Administração*: uma abordagem prática. São Paulo: Atlas, 2008.

OLIVEIRA, M. A.; GRAWUNDER, P. *Os filmes que todo gerente deve ver.* São Paulo: Saraiva, 2012.

PASSADORI, R. *Quem não comunica não lidera.* São Paulo: Atlas, 2012.

PEASE, A.; Pease, B. *Desvendando os segredos da linguagem corporal.* 6. ed. Rio de Janeiro: Sextante, 2005.

POLITO, R. *Recursos audiovisuais nas apresentações de sucesso.* 6. ed. São Paulo: Saraiva, 2003.

PEASE, R. *Como falar corretamente e sem inibições.* 112. ed. São Paulo: Saraiva, 2016.

PREDEBON, J. *Criatividade hoje*: como se pratica, aprende e ensina. São Paulo: Atlas, 2003.

_____. *Criatividade*: abrindo o lado inovador da mente. 8. ed. São Paulo: Atlas, 2013.

REYNOLDS, G. *Presentation zen.* Berkeley: New Riders, 2010.

_____. *The naked presenter.* Berkeley: New Riders, 2010.

RIZZO, C. *Marketing pessoal no contexto pós-moderno.* São Paulo: Trevisan, 2006.

SEVERINO, A. J. *Metodologia do trabalho científico.* 23. ed. São Paulo: Cortez, 2012.

SHINYASHIKI, R. *Os segredos das apresentações poderosas*: pessoas de sucesso sabem vender suas ideias, projetos e produtos para qualquer plateia. São Paulo: Gente, 2012.

SIBBET, D. *Reuniões visuais*: como gráficos, lembretes, autoadesivos, e mapeamento de ideias podem transformar a produtividade de um grupo. São Paulo: Alta Books, 2013.

SIMONIONATO, R. G. B. *Dinâmicas de grupo para treinamento motivacional.* 8. ed. Campinas: Papirus, 2012.

VIEIRA, S. *Como escrever uma tese.* 6. ed. São Paulo: Atlas, 2004.

ZENUTE, D. *Expandindo a criatividade*: descubra como estabelecer acesso à criatividade de forma consciente e como usá-la amplamente em sua vida usando o método MBTI. São Paulo: CLA Cultural, 2003.

WEIL, P.; TOMPAKOV, R. *O corpo fala*. São Paulo: Vozes, 1986.

Impressão e acabamento: